KB041248

공감하는 사람만
살아남는다,
공감 대화법

당신은 언제나 옳습니다. 그대의 삶을 응원합니다. ── 라의눈 출판그룹

공감하는 사람만 살아남는다, 공감 대화법

초판 1쇄 | 2024년 2월 1일
2쇄 | 2024년 2월 13일

지은이 | 박진영
펴낸이 | 설응도
펴낸곳 | 라의눈

편집주간 | 안은주
편집책임 | 임윤지
영업·마케팅 | 민경업
전자출판 | 설효섭

출판등록 | 2014년 1월 13일(제2019-000228호)
주소 | 서울시 강남구 테헤란로78길 14-12, 4층
전화번호 | 02-466-1283
팩스번호 | 02-466-1301
e-mail | 편집 editor@eyeofra.co.kr
        마케팅 marketing@eyeofra.co.kr
        경영지원 management@eyeofra.co.kr

ISBN 979-11-92151-69-4 03190

공감하는 사람만 살아남는다,

공감 대화법

박진영 지음

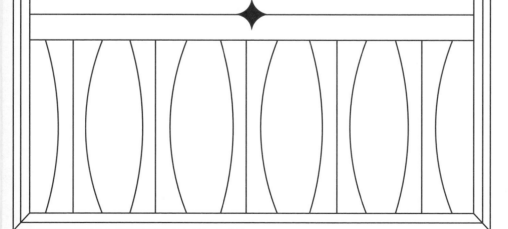 라의눈

'예쁘게 말하는 것'과 '실언'의 차이

말을 '예쁘게' 하는 사람들이 있다. 여기서 '예쁘게'라는 표현은 목소리나 억양이 듣기에 아주 좋다는 뜻이 아니다. 미사여구를 잘 활용한다는 뜻도 아니다. 듣는 이의 감정과 생각에 공감할 줄 알고, 그것을 잘 전달할 줄 아는 것을 말한다. 예쁘게 말하는 사람은 상대의 걱정과 불안을 가라앉히고 슬픔과 고통을 이겨내게 하며, 마음의 평화를 가져오게 한다.

실언을 자주 하는 사람들이 있다. 그들은 입을 열었다 하면, 사람의 마음에 상처를 입히는 말을 한다. 놀랍게도 실언하는 사람들은 그것을 반복하는 경향이 있다. 말 습관이 잘못됐기 때문이다. 우리는 유명인사가 한마디 실언 때문에 오랫동안 쌓아온 명성을 하루아침에 잃는 것을 자주 본다. 백 번 예쁘게 말해도, 한 번 큰 실언을 하면 공든 탑이 무너진다.

우리는 하루에 얼마나 많은 말을 할까? 2007년 미국 애리조나대학 심리학과의 머사이어스 R. 멜(Matthias R. Mehl) 교수 연구팀이 미국 텍사스 주립대학의 남녀 학생 345명과 멕시코의 대학생 남녀 51명 등 모두 396명을 대상으로 실험을 했다.

12분 30초 간격으로 30초간 작동하는 녹음기를 학생들의 몸에 부착해 녹음을 한 뒤, 사용한 단어의 수를 조사했다. 실험 참가자 중에는 수다쟁이도 있고 지극히 말수가 적은 사람도 있었다. 녹음된 말을 들어보니, 그들이 깨어 있는 시간을 열일곱 시간으로 환산하면 하루 평균 15,958개의 단어를 쓰는 것으로 집계되었다.

애초에 이 연구는 여성이 남성에 비해 말을 더 많이 하는지 알아보기 위한 것이었다. 그런데 여성이 사용한 단어의 수(16,215개)가 남성이 사용한 단어의 수(15,669개)보다 조금 더 많을 뿐, 성별에 따른 차이는 크지 않았다. 한 문장이 5개의 단어로 구성된다고 가정하면, 남자든 여자든 하루에 대략 3,200개의 문장을 말하는 셈이다. 한국인이 하루에 얼마나 많은 말을 하는지 연구한 자료는 없지만, 한국인도 그들과 크게 다르지는 않을 것이다.

그런데 우리는 때와 장소에 맞게 말을 잘하고 있는 것일까?

"초등학교에 다닐 때 적성 검사를 했어요. 성격 검사 결과가 나왔는데 제가 우울증에 걸릴 확률이 0%로 나왔지요. 저는 그 결과를 매우 긍정적인 성격이라는 뜻으로 받아들였습니다. 그런데 부모님은 '너는 정말 생각이 없는 것 같다. 그러니까 0%가 나왔지'라고 말씀하셨어요."

이 이야기는 대학에서 내 커뮤니케이션 강의를 들은 학생이 털어놓은 것이다. 그 학생은 부모님이 나쁜 의도로 한 말이 아닌 것을 알지만, 그 말을 듣고 충격이 컸다고 했다. 초등학생 때 겪은 일을 대학생이 되어서도 생생히 기억하고 있다는 사실만으로도, 그의 마음에 생긴 상처의 크기와 깊이를 짐작할 수 있었다.

전 세계 어느 나라든 말을 조심스럽게 하라는 격언은 차고 넘친다. 말은 칼에 비유되기도 하고, 화살에 비유되기도 한다. '칼'은 상대에게 주는 아픔을 의미하고, '화살'은 상대에게 상처를 줄 뿐만 아니라 결코 되돌릴 수 없다는 것을 의미한다.

세상에선 유명인사의 실언이 사람들의 입에 오르내리지만, 보통 사람도 실언을 한다. 실언한 사람은 그 사실을 알아채지도 못하고, 깨달아도 쉽게 잊는 경향이 있다. 그러나 들은 사람은 좀처럼 잊지 못한다. 예쁜 말은 오래 기억되지 않지만 상처를 준 말은 가시처럼 마음에 박인 채 몇 년, 아니 수십 년이 흘러가기도 한다. 상처받은 말은 우리의 생각과 감정에 큰 영향을 주기 때문이다. 계속해서 생각하게 하고, 자신을 이해하는데 혼란을 주는 탓에 더욱 오래 기억하게 만든다.

마음에 큰 상처를 입히는 대부분의 실언이 부모나 형제, 친구, 연인, 배우자 등 가까운 사람에게 들은 것이란 사실은 특히 주목해야 한다. 친한 관계의 사람들과 대화를 나눌 일이 많기 때문이기도 하지만, 그들에게 우리가 훨씬 더 '공감하는 말하기'를 기대하기 때문이다. 그런 기대가 실현되지 않을 때 사람은 실망하고, 기대가 배신을 당할 때 상처를 입는다.

이 책은 그런 실언을 피하고, '공감하는 말하기'를 하는 방법을 담고 있다. 실언과 공감하는 말하기는 음과 양처럼 상반되는 짝이다. 그러므로 실언의 구조를 이해하면, '공감하는 말하기'에 무엇이 필요한지 알 수 있다. 해서는 안 될 말이 무엇인지 알면, 혹시 실언을 하더라도 수습하는 방법을 알게 된다. 나아가 실언을 피하고 말을 더 잘하는 방법을 생각하게 된다. 생각을 진척시켜 나가면 상대에게 위로와 평온, 감동을 주는 말이 어떤 것인지 파악할 수 있게 된다. 실언이 습관이듯, 공감하는 말하기도 습관을 들일 수 있다.

이 책은 다양한 분야의 전문가 그룹과 대학생들을 대상으로 커뮤니케이션 강의와 코칭을 하면서 수집한 1천여 가지의 실언 사례와 그것에 대한 분석이 뼈대를 이루고 있다. 수강자들에게 '나에게 가장 큰 상처를 준 말'을 적어달라고 한 뒤, 면접을 통해 조사를 한 것이 특히 큰 도움이 되었다. 강의에서, 면접 조사에서 깊은 상처를 입은 사연을 이야기하고 들으며 함께 운적이 많다. 어려운 이야기를 털어놓고 토론하고 연구할 수 있게 해준 분들께 이 자리를 빌려 감사드린다.

'공감하는 말하기'는 상대의 감정과 생각에 무조건 맞장구를 치는 것이 아니다. 먼저 상대의 마음과 생각을 읽고, 그것을 있는 사실로 인정하고 이해하는 바탕 위에서 따뜻하고 신중하게 판단한 나의 마음과 생각을 전하는 것이다. 그럼으로써, '마음과 마음이 막힘없이 흐르는 대화'에 도달하는 것이다. 공감에는 숭고함이 깃들어 있다.

오늘날 우리는 전통시대보다 훨씬 많은 사회적 관계를 맺으며 살고 있지만, 오히려 더 자주 외로움과 고립감을 느낀다는 사람이 적지 않다. 우리는 공감, 배려가 더욱 필요한 사회에 살고 있다. 이 책을 읽는 이가 자신이 하는 말을 객관화하여 관찰하고, 고칠 점을 찾아냄으로써 타인과의 의사소통 능력을 향상시키는 데 작은 도움이나마 되었으면 하는 마음 간절하다.

2024년 1월
박진영

차례

3장

공감과 배려는
어디에서 오는가?

_공감과 배려가 없는 말

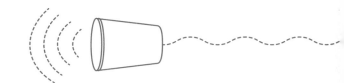

1장

때로는 말이
상처를 남긴다

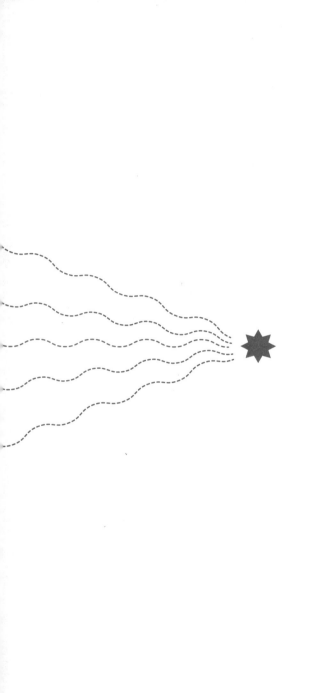

미끄러진 대화

　이제는 직장인이 된 27살 청년에게도 공부가 너무 힘든 날이 있었다. 수능 시험이 얼마 남지 않은 상황에서 성적이 좀체 오르지 않아 한없이 불안한 나날이 이어졌다. 어머니와 이야기를 하다가 힘들다는 생각에 마음이 흔들려 자신도 모르게 눈물이 나왔다. 그는 의도하지는 않았지만 엄마가 자신의 눈물을 보면 위로를 해줄 거라 생각했다. 그런데 어머니의 반응은 뜻밖이었다.

　"남들도 다 한다. 남들도 다 힘들다."

청년은 어머니의 말에서 얼음 같은 차가움을 느꼈다. 자신의 처지는 전혀 고려하지 않는다고 느꼈다. 몇 해가 흐른 뒤 청년은 말했다.

"그때 나는 의지할 곳이 전혀 없다는 공허한 감정을 느꼈어요. 믿었던 사람에게 들은 말이라서 더욱 슬펐죠. 다음날 자고 일어나자 마음이 가라앉았고 그래서 보기에는 별일 없이 지나갔지만, 그때 엄마가 내 상태를 조금만 더 신경쓰고 말을 꺼냈다면 얼마나 좋았을까 하는 생각을 지금도 종종 하곤 해요."

공부하는 자식을 둔 많은 부모가 '힘들다'는 토로에 이런 식의 대꾸를 한다. 어렵게 살아온 자신의 과거에 비춰보면 '배 부른 소리'로 들리기 때문일 것이다. 최선을 다하고 있지만 부모의 기대에 미치지 못해 고통스러워하는 자식에게 그 말이 큰 상처가 될 수도 있다는 점은 의식하지 못한다.

다음은 어느 회사의 직원들을 대상으로 커뮤니케이션 강의를 할 때, 한 수강생이 털어놓은 이야기다. 경제적으로 넉넉하지 않은 대학 시절, 신입생이었던 그에게는 싸고 맛있는 식당을 찾는 일이 매우 중요했다. 그는 누군가 밥을 사주면 무척 고마웠다. 어느 날 저녁, 그는 캠퍼스에서 한 선배를 만났다. 선배가 말했다.

"저녁 먹었어? 안 먹었으면 형이 사줄게. 가자."

선배와 함께 간 곳은 후미진 골목에 있는 허름한 식당이었다. 그는 큰 기대를 하지 않고 볶음밥을 주문했다. 그런데 기대했던 것보다 맛이 좋고 값도 상당히 쌌다. 그가 찾던 그런 식당이었다. 다음에 또 와야겠다고 생각했다. 그는 식사를 마치고 선배에게 감사의 인사를 했다.

"선배님, 감사합니다. 이렇게 싼 밥집이 있는 줄 몰랐어요."

그는 저녁을 먹고 선배와 헤어졌다. 그런데 그 뒤로 선배는 그를 봐도 전혀 알은체를 하지 않았다. 처음에는 못 알아본 것이라고 생각했는데 그런 일이 몇 차례나 반복되었다. 선배가 의도적으로 피하고 있다는 걸 느꼈다.

무슨 일이 벌어졌던 것일까?

그는 선배가 자신을 외면하는 이유를 처음에는 알지 못했다. 곰곰이 생각해본 끝에 식당에서 선배에게 했던 말이 떠올랐다. 그는 '이렇게 싼 밥집'이라고 표현했고, 그제야 그 표현에 문제가 있다는 생각이 들었다. 그는 뒤늦게 깨달은 것이다. '비싸지 않으면서도 아주 맛있는 집'이라고 말해야 했었다는 것을 말이다. 선배는 '후배에게 밥을 사줬더니, 허름한 밥집에 데려갔다는 말만 들었다'라고 생각하며 마음이 상했을 것이다. 애써 호의를 베풀었지만 감사의 인사는커녕 오히려 비아냥거린다고 생각했을지도 모른다.

소통이 매끄럽게 이뤄지지 못한 사례를 하나 더 들어보자. 정년퇴직을 얼마 남겨두지 않은, 어느 회사의 고위 간부가 인사이동을 통해 한직을 맡게 되었다. 그동안 그는 늘 중책을 맡았고 매우 바빠서 여유롭게 사람들을 만나지 못했다. 휴가도 제때 떠나는 일이 드물었다. 그를 가리켜 '일 중독자'라고 하는 사람도 많았다. 그는 한직으로 물러나면서 여러 지인들을 편하게 만날 수 있게 되었다. 여유가 생긴 그를 만난 지인들은 이렇게 물어보곤 했다.

"정년이 얼마나 남았죠?"

그는 1년도 안 남았다고 대답했다. 여러 지인들 중 누군가 한 말이 그의 마음을 아프게 했다.

"여유가 생겨서 좋으시겠어요. 이제 좀 쉬세요. 휴가도 가시고."

쉴 수 있는 좋은 기회를 맞지 않았느냐는 말이었다. 하지만 그는 정년이 얼마 남지 않았다는 이유로 한직으로 밀려나 있는 게 싫었다. 아직 능력과 체력이 충분하다고 생각하는데, 머지않아 회사를 떠나야 한다는 사실이 매우 아쉬웠다. 지인이 그를 위로하려고 한 말이 오히려 우울하게 만들었다. 그는 서운한 마음을 이렇게 표현했다.

"중환자실에 오래 누워 있는 노인에게 '그동안 너무 고생하셨으니 이제 그만 돌아가시는 게 좋겠어요'라고 말하는 것처럼 들리더군요."

말 한마디가 상대의 마음에 깊은 상처를 입히는 경우가 있다. 악의 없이 한 말이지만 듣는 사람에게는 달리 들릴 수도 있다. 그야말로 '별생각 없이 내뱉은 말'이기 때문에 말한 사람은 상대에게 상처를 준 사실을 모르고 넘어가기 쉽다. 그러나 마음에 상처를 입은 사람은 잘 잊지 못한다. 그것은 두 사람의 관계에도 큰 흠집을 낸다.

누가 한 말에 가장 상처를 받을까

가까운 사람의 말이 남긴 상처가 더 크고 더 오래 남는다. 혈연관계에서만 그런 것은 아니다. 친한 친구, 믿는 사람에게 상처가 되는 말을 들으면 사람은 배신감을 느낀다. 다음 이야기는 한 대학원생에게 들은 것이다.

"엄마는 외동딸인 제가 강하고 독립적으로 자라기를 바라셨어요. 그래서 어린 시절부터 엄하게 키우셨지요. 어렸을 때 엄마에게 매를 맞은 적이 있습니다. 몸에 자국이 생겼어요. 그때 엄마는 '아빠 오시기 전에 가라앉겠지?'라고 말씀하셨어요."

딸의 몸에 생긴 상처를 신경 쓰는 대신 남편에게 한소리를 듣지 않을까 걱정했던 어머니. 이 대학원생은 시간이 흘러도 그때 어머니가 한 말이 좀처럼 잊히지 않는다고 했다. 어머니가 자신을 사랑하지 않는다고 생각하게 되었다. 시간이 많이 흘렀기에 이제 어머니를 이해하지만 그것과는 별개로 마음의 상처는 여전히 남아 있다고 했다.

부유한 집안에서 자란 한 청년 사업가는 이런 이야기를 털어놓았다.

"20대 중반에 의류 사업을 시작했는데 초반에는 성공한 것 같았어요. 그런데 경험 부족 때문인지 미숙하게 운영을 해 결국 실패하고 말았습니다. 집도 차도 다 팔아야 했지요. 의기소침했는데, 어느 날 어머니가 제가 키우던 강아지를 데리고 오라고 하셨습니다. 갔더니 강아지를 놓고 가라고 하시더라고요. '개밥 살 돈도 없는 놈'이라면서요."

그는 빼앗다시피 강아지를 데리고 왔다. 어려움을 겪고 있을 때 가장 의지하고 싶은 어머니에게 그런 말을 들었기에 더욱 마음이 아팠다고 했다.

커뮤니케이션 강의를 하면서 수강생들에게 '나에게 가장 큰 상처를 준 말'을 알려달라고 했다. 우선 종이에 써달라고 했고, 자세한 이야기를 해줄 수 있다면 연락처를 남겨달라고 했다. 그렇게 1천여 명의 사례를 수집해 분석해보니 뚜렷한 공통점이 있었다.

첫째, 가장 크게 상처받은 말은 대부분 부모나 친구처럼 가까운 사람에게 들었다는 점이다.

둘째, 자존감을 무너지게 만든 말이 마음에 깊이 박혔다는 점이다.

셋째, 하도 흔하게 쓰는 말이어서 그냥 흘려들어도 될 것 같은 말에 사람들이 의외로 큰 상처를 받았다는 점이다.

수강생들이 써준 '나에게 가장 큰 상처를 준 말'을 통해 다음과 같은 말을 확인할 수 있었다.

"너는 왜 그것밖에 안 되니?"

"그게 바로 너의 한계야."

"너, 그렇게 해서 뭐가 될래?"

"너는 왜 그렇게 답답하게 사냐?"

"네가 그러니까 이러고 있지."

"내가 너를 왜 낳았는지 모르겠어."

한 대학생은 "엄마가 어느 날 실망한 표정으로 저에게 이렇게 말씀하셨어요. '너는 나의 희망이었는데…….' 그 말을 듣고 아파서 미칠 것 같았어요"라고 돌이켰다. 자식은 부모가 자신을 낳은 것을 후회하는 듯한 말을 할 때, 자식의 앞날에 희망을 갖지 않을 때 마음에 깊은 상처를 입는다. 설령 속마음은 그렇지 않더라도 그런 말을 하는 것을 듣고 절망을 느꼈다는 고백을 나는 많이 들었다.

아버지를 생각하면 말문부터 막힌다는 한 청년의 이야기다.

"아버지가 자주 하시던 말씀이 있어요. '너는 안돼!' 제가 무엇을 하고 싶다고 야심찬 꿈을 설명할 때마다 습관처럼 하시던 말씀입니다. 저는 이 말 한마디가 가슴에 가시처럼 박혀 발걸음을 하나 뗄 때마다 점점 깊숙이 파고드는 것 같았습니다. 부모님이 절 믿지 않거나 지지해주지 않는다는 서운함보다, 제가 저 한마디에 계속 얽매여 후회하고 자책하게 된 것이 더 고통스러웠어요. 아버지의 말씀에 화가 나기도 했지만 동시에 아버지의 말이 진실일지도 모른다는 두려움이 공존했어요."

회사원 K씨는 남편의 말에 큰 상처를 받았다고 했다.

"어느 날 회사 회식이 늦게 끝나서 남편에게 전화를 했어요. '여보, 많이 늦어서 무서우니까 집 앞으로 마중 좀 나와주면 안 될까?' 제가 그렇게 말했더니 남편이 '뭐 하러 나가. 그냥 혼자 들어와. 당신은 귀신도 안 잡아가니까 걱정 말고 와'라고 했어요."

'귀신도 안 잡아간다'라는 말은 외모가 별 볼 일 없다는 뜻이다. 남자들끼리 모였을 때 우스갯소리로나 할 말을 자신의 아내에게 했을 때, 큰 상처가 될 수 있다는 것을 K씨의 남편은 몰랐던 듯하다. 유리보다 깨지기 쉬운 게 사람의 마음이다. 어린아이가 한 말에도 상처를 입을 수 있다. 어린아이는 거짓말을 하지 않는다고 생각하기 때문이다. 다음 이야기는 한 여성 사업가에게 들은 것이다.

"얼마 전 제 어린 딸을 데리고 나가 친구를 만났어요. 친구는 아주 예뻤어요. 딸이 저를 보고는 '엄마는 마녀 같아'라고 하더군요. 그 순간 내 인생의 전부였던 딸에게 너무 서운했고 슬퍼서 울 뻔했어요."

대화는 합의를 강요하지 않는다

대화를 뜻하는 영어 단어 'dialogue'의 어원인 그리스어 'dialogos'는 'dia(~사이에)'와 'logos(말)'가 합쳐진 말이라고 한다. 대화는 '사람들 사이에 흐르는 말'이라는 뜻이다. 토론을 뜻하는 영어 단어 'debate'는 프랑스어 'debatre'에서 왔는데, 이 말은 '어떤 것을 두고(de-), 싸우다 혹은 투쟁하다(battuere)'라는 뜻이다. 토론은 '말로 하는 싸움'이다. 그러므로 토론에서는 선을 넘지만 않으면, 상대의 마음에 불가피하게 상처를 입히는 것이 허용된다.

철학자 쇼펜하우어가 말하는 논쟁법은 더 극단적이다. 그가 쓴 『논쟁에서 이기는 38가지 방법』을 보면 이런 구절이 나온다.

"상대방을 화나게 만들어라. 왜냐하면 화가 난 상태에서는 올바로 판단하거나 자신의 장점을 감지할 수 없기 때문이다. 상대의 화를 돋우려면 노골적으로 나쁘게 평가하거나 트집을 잡거나 하면 된다."

쇼펜하우어는 논쟁에서 이기기 위한 방법으로 확대 해석하기, 딴청 부리기, 말꼬리 잡기, 인신공격하기, 궤변으로 맞서기, 억지 쓰기 등 온갖 잔꾀와 속임수를 제시한다. 옳든 그르든 논쟁에서 승리하는 게 목적인 사람이라면 쇼펜하우어가 말하는 논쟁의 기술을 배우는 게 도움이 될지도 모른다. 그러나 공감을 목표로 소통하는 사람이라면 달리 생각해야 할 것이다. 사람과 사람 사이의 대화는 '서로 통해야' 한다.

조셉 자보르스키(Joseph Jaworski)는 『리더란 무엇인가』라는 책에서 이렇게 썼다.

"대화는 굳이 서로 합의할 것을 강요하지 않는다. 그보다는 같은 행동을 하려고 뜻을 모으는 과정에 참여하도록 독려한다."

사람들 사이에 말이 잘 흐를 때 대화는 우리를 즐겁게 한다. 그러나 말이 제대로 흐르지 못하고, 상대방의 마음에 상처를 입힌다면 실패한 대화라고 할 수 있다. 자신이 말하고자 하는 바를 정확히 전달하지 못해 오해가 생길 때, 상대의 마음을 헤아리지 못하고 어긋나는 말을 할 때 대화는 미끄러진다. 인간은 완벽한 존재가 아니다. 말로써 상대에게 상처 주는 일을 피하려면 부단히 노력해야 한다.

말 잘하는 것이 기술일까

사람들은 흔히 말을 잘하는 것을 두고 '말재주가 좋다'라고 한다. '커뮤니케이션 스킬'이라는 표현도 그런 뉘앙스를 풍긴다. 말을 잘하는 데 기술이 필요하다는 것을 완전히 부정할 수는 없다. 그러나 기술만으로는 설명하는 데는 분명 한계가 있다. 기술보다 정성이 훨씬 중요하기 때문이다. 대화에서 중요한 것은 마음이 통하는 것이다. 말을 잘하기 위해 언어 표현 능력을 기르는 것만큼 중요한 것은 마음을 수양하는 것이다.

공자와 제자들의 문답을 모은 『논어』에는 말하기의 모범 사례가 많이 실려 있다. 이를테면 이런 것이다. 『논어』 선진 편의 이야기다. 공자가 광나라 땅에서 위험한 일을 당했을 때, 가장 아끼던 제자 안연이 사라졌다가 한참 후에야 나타났다. 공자는 혹시 제자에게 무슨 일이 생긴 게 아닐까 염려하여 안절부절못하다가, 안연이 나타나자 안도의 숨을 내쉬며 말했다.

"나는 네가 죽은 줄 알았다."

그러자 안연이 대답했다.

"스승님이 계신데 어찌 제가 감히 죽겠습니까?"

서로 아끼는 스승과 제자가 서로를 염려하며 마음을 졸였다는 것이 그대로 묻어나는 대화다. 만약 공자가 안연이 자신을 제대로 챙기지 못한 것을 거론하면서 "이놈아, 어디 갔다 이제 왔느냐"라고 역정을 내기라도 했다면, 과연 안연은 뭐라고 대답했을까?

우리 속담에 "같은 말이라도, 아 해 다르고 어 해 다르다"라는 게 있다. 사소한 표현의 차이로 상대방이 받아들이는 뜻이 크게 달라지는 법이니, 말을 가려서 하라는 뜻이다. 같은 말도 어떻게 하느냐에 따라 상대의 감정에 영향을 끼치니, 토씨 하나라도 신중하게 고르라는 뜻이다.

선글라스 쓰는 것을 좋아해서 실내에서도 선글라스를 잘 벗지 않는 친구가 있다. 이를 탐탁지 않게 여기던 친구가 이렇게 말했다고 한다.

"야, 너는 그게 무슨 개멋이야? 이렇게 어두운 곳에서 선글라스를 쓰냐?"

아무리 친한 친구가 한 말이라도 결코 기분이 좋을 리가 없다. 그보다는 이렇게 말하면 좋지 않을까?

"○○야, 네 얼굴을 좀 보고 싶다."

정말로 아 해 다르고 어 해 다르지 않은가.

2020년 카카오TV에 방영되었던 드라마 '며느라기'에 이런 장면이 나온다. 시어머니의 생신 날, 주인공 사린은 새벽부터 일어나 생신상을 차리고 설거지를 한 후에 겨우 식탁에 앉았다. 시어머니는 키위 세 조각이 남은 과일 접시를 보더니 "사린이가 먹을 게 없구나."라면서도 "남은 거라도 먹어라. (버리면) 아깝잖니. 너랑 나랑 한 개씩 먹어치우자."라고 말한다. 사린이는 '먹어치우자'란 표현이 계속 마음에 걸린다.

　많은 시청자가 이 대사에 공분했다. '먹어치우다'는 '먹을 것을 다 먹어서 없앤다'라는 의미를 갖고 있다.

나를 아프게 한 말, 내가 아프게 한 말

　회사원 B씨는 고등학교 3학년 때 유난히 많이 아팠다. 그래서 교무실에 가서 약을 먹는 일이 잦았다. 하루는 체해서 교무실에 갔다. 약 상자에서 약을 꺼내고 종이컵으로 물을 마시려고 하는데 한 선생님이 다가와 이렇게 말했다고 한다.

　"종이컵 도둑년 잡았다!"

　B씨는 지금도 그날 일을 생각하면 눈물이 나올 것 같다고 했다. 선생님은 B씨가 종이컵을 엄청나게 사용하는 주범이라고

생각했을 것이다. 일방적인 오해에서 비롯한 말은 흉기가 되어 B씨의 마음에 큰 상처를 입혔다. 우리가 인생을 살면서 이런 심한 말을 몇 번씩이나 듣게 된다는 것은 슬픈 일이다. 그러나 많은 사람들에게 그것은 현실이다.

나는 강의를 통해 알게 된 사람과 어느 정도 신뢰가 쌓이면 '나를 아프게 한 말'을 이야기해달라고 요청하곤 했다. 또 '내가 상대를 아프게 한 말'도 생각나는 대로 알려달라고 요청했다. 대부분의 사람들이 나를 아프게 한 말은 어느 정도 기억한다. 그러나 내가 상대를 아프게 한 말은 거의 기억하지 못한다. 역시 사람은 자신이 받은 상처를 더 오래 기억하는 법이다.

일본 언어과학연구소 소장인 후쿠다 다케시는 『실언하는 사람에게는 이유가 있다(失言する人には理由がある, 국내 미출간)』라는 책에서 이런 사례를 소개했다.

세가와 씨는 쉰두 살에 재혼했다. 9년간 둘이서 잘 살아왔는데, 어느 여름날 아내가 모습을 감춘 뒤 돌아오지 않았다. 그날 출가한 두 딸과 두 사위가 놀러왔다. 오후 3시쯤에 아내가 수박을 내왔다. 함께 수박을 먹으며 이야기꽃을 피우고 있는 것을 기분 좋게 바라보고 있던 세가와 씨는 문득 아내에게 눈길을 돌렸다. 아내도 맛있게 수박을 먹고 있었다. 세가와 씨는 아내의 앞니가 앞으로 튀어나와 있어서 수박을 먹기에 안성맞춤인 것에 감탄했다. 그래서 익살스러운 어조로 이렇게 말했다.

"당신 이는 수박을 먹기에 정말 딱이네!"

두 딸 부부가 와 하고 웃었다. 악의 없는 웃음이었다. 아내는 얼굴을 붉히며 아래층으로 내려갔다. 그것뿐이었다. 더는 아무 일도 없었다. 하지만 세가와 씨는 그때 아내의 마음이 어떤지 전혀 눈치채지 못했다. 해가 질 무렵에 두 딸 부부는 돌아갔다. 아내가 정리를 하는 동안 세가와 씨는 산책을 했다. 저녁 식사를 하기 전에 먹은 것이 다 소화되도록 하자는 생각에서였다. 주변이 어두워질 무렵 집에 돌아와보니 아내의 모습이 보이지 않았다. 이후 그녀의 행방은 묘연했다.

우리는 상대에게 상처를 주는 말을 해놓고, 그런 사실조차 깨닫지 못하고 넘어가는 때가 있다. 여러 사람 앞에서 창피를 당했다고 느낄 때, 사람의 자존감은 더 크게 무너진다. 세가와 씨의 아내는 남편이 자식들 앞에서 자신을 놀렸다고 느껴 집을 나가서 영영 돌아오지 않을 만큼 마음이 상한 것이다. 이와 같이 공개적으로 망신을 당한다면 그 충격은 이루 말할 수 없이 클 것이다.

사람은 누구나 인정받고 싶다

2008년 11월 11일 미국 로스앤젤레스에 위치한 폴라 압둘 (Paula Abdul)의 집 근처 주차장에서 한 여성이 숨진 채 발견되었다. 그녀는 자신의 차에서 죽음을 맞았다.

폴라 압둘은 1980~1990년대 많은 히트곡을 낸 가수 겸 작곡가인데, 리얼리티 쇼 「아메리칸 아이돌」의 심사위원으로도 큰 인기를 누리고 있었다. 숨진 여자는 폴라 굿스피드(Paula Goodspeed)라는 이름의 여성으로 당시 서른 살이었다. 폴라 압둘을 좋아해 열여섯 살 때 이름을 폴라로 바꿨고, 폴라 압둘의 모든 것을 알고 싶어 하는 열성 팬이었다.

「뉴욕 데일리 뉴스」의 보도에 따르면 사건의 전말은 이랬다. 사건이 나기 2년 전인 2006년 굿스피드는 압둘이 심사위원을 맡은 「아메리칸 아이돌」 시즌 5의 오디션에 도전했다. 굿스피드는 사회자에게 자신이 손수 실물 크기로 그린 압둘의 드로잉을 갖고 있을 정도로 열성 팬이라고 밝혔다. 그녀는 또 다른 심사위원인 사이먼 코웰(Simon Cowell)로부터 압둘과 비슷한 점이 있다는 말을 듣고는 "압둘은 아름답다"라고 말하기도 했다.

굿스피드는 핑크색 집시 스커트를 입고, 핑크색 부츠를 신고,

핑크색 가죽 멜빵을 달고 '프라우드 메리(Proud Mary)'라는 노래를 불렀다. 그러나 노래가 끝난 뒤 압둘은 할 말이 없다고 하며 큰 실망감을 드러냈고 이렇게 덧붙였다. "별것 아니네요." 또 다른 심사위원인 랜디 잭슨(Randy Jackson)도 형편없다고 평가했다. 굿스피드는 고개를 들어 올린 채 걸어 나가다가 심사위원들에게 말했다.

"끝난 건 아니에요. 당신들이 내 목소리를 좋아하지 않는다는 이유로 노래를 그만두지는 않을 거예요."

한 달 뒤 굿스피드는 자신의 블로그에 그때 겪었던 일로 인해 고통스럽다며 속마음을 드러냈다. 그로부터 2년 뒤, 굿스피드가 사라지자 부모는 경찰에 실종 신고를 했다. 딸이 압둘의 광팬이니 압둘의 자택 근처를 수색해달라고 요청했다. 굿스피드는 압둘의 집 근처 주차장에서 숨진 채로 발견되었다. 그녀는 죽기 전에 압둘에게 꽃을 보냈다고 한다. 경찰은 굿스피드가 스스로 목숨을 끊었다고 판단했다.

자신의 열렬한 팬인 가수 지망생의 노래를 별것 아니라고 혹평했던 폴라 압둘의 말은 실언이라고 해야 할까? 아니면 단지 결과가 아주 나빴을 뿐이라고 해야 할까? 그녀는 대변인을 통해 낸 성명에서 "큰 충격을 받았고 슬픔을 느낀다. 유족들에게

나의 진심과 기도를 전한다"라고 표현했다.

가수 지망생들이 출연하는 오디션 프로그램의 취지는 실력과 잠재 능력을 가진 인재를 발굴해, 꿈을 향해 한 발 더 다가설 수 있는 기회를 제공하는 데 있다. 그러나 오디션 프로그램이 점점 늘어나고 방송국끼리 경쟁하면서 참가자에게 요구하는 수준은 점점 높아지고, 심사위원들이 잔인할 정도로 독한 평가를 하는 경우를 볼 수 있다. 현장의 관객과 TV 시청자는 그런 평가를 또 하나의 재밋거리로 생각하고 가볍게 지나칠 수도 있다. 그러나 부단한 노력을 해왔고, 자신의 능력에 자긍심을 갖고 있는 사람이 비난이나 혹평을 받는다면 큰 상처를 입을 것이다. 자신을 오디션 탈락자가 아니라 인생의 패배자로 여길 수도 있다.

사람은 타인의 평가에 민감하다. 많은 사람들 앞에서 공개적으로 듣는 평가에는 더욱 그렇다. 사람은 누구나 타인에게 인정받고 싶은 욕구가 있다. 많은 사람들이 보는 앞에서 권위 있는 사람에게 인정받는 것은 최고의 기쁨이겠지만 혹평을 듣는다면 최악일 것이다. 상실감이 커지고 자존감도 낮아지면서 큰 수치심을 느낄 것이다. 폴라 굿스피드의 사례는 '평가'의 말이 갖춰야 할 미덕에 대해 묻는다. 상대방의 노력을 평가하지 않고 그들을 깎아내리는 듯한 말보다는 잠재력을 인정해주고 격려를 하는 편이 훨씬 바람직하다.

정권을 무너뜨린 정치가의 실언

1953년 2월 28일 일본 국회의사당에서 중의원 예산위원회가 열렸다. 요시다 시게루 총리와 우파 사회당의 니시무라 의원 사이에 질의응답이 이어졌다.

니시무라 의원 : 총리는 전에 있었던 시정 연설에서 '국제 정세는 낙관적으로 봐야 한다'라고 말했는데 어디에 근거를 둔 겁니까?

요시다 총리 : '국제 정세는 낙관적으로 봐야 한다'라고 했지만, 그건 제 의견이 아니고 영국 총리와 미국 대통령이 '전쟁의 위험이 점차 줄어들고 있다'라고 말했기 때문에 제가 그렇게 표현한 겁니다.

니시무라 의원 : 저는 일본 총리에게 국제 정세 전망을 묻고 있는 겁니다. 영국 총리와 미국 대통령의 말을 어떻게 번역했는

지 묻고 있는 게 아닙니다.

　요시다 총리 : 지금 제 답변은 일본 총리로서 한 것입니다. 저는 확신합니다.

　대화는 점차 설전으로 바뀌기 시작했다.

　니시무라 의원 : 총리, 흥분하지 마세요. 그렇다고 흥분할 필요는 없지 않습니까?

　요시다 총리 : 무례한 말 하지 마.

　니시무라 의원 : 뭐가 무례해?

　요시다 총리 : 무례하잖아!

　니시무라 의원 : 질문하고 있는데 뭐가 무례해? 당신이 말하는 게 무례하지. 번역한 거 말하지 말고, 일본 총리로서 답변하라는 게 뭐가 무례해?

　이때 자기 자리로 돌아가던 요시다 총리가 내뱉듯 한마디했다.

　요시다 총리 : 바보 자식.

　니시무라 의원 : 뭐라고? 바보 자식? 바보 자식이라니 그게 무슨 태도야? 그 말 취소하지 않으면 더는 듣지 않겠어. 취소해!

요시다 총리는 결국 발언을 취소했고 니시무라 의원도 그것을 받아들였다. 하지만 그것으로 일이 마무리되지는 않았다. 우파 사회당은 요시다 총리의 발언이 국회를 경시한 것이라며 그를 징계위원회에 회부하는 동의안을 냈고, 자유당 안에서도 비주류가 요시다 총리에게 등을 돌리면서 징계위원회 회부 동의안이 가결되었다. 이어 내각 불신임안까지 가결되었고 요시다 총리는 3월 14일 의회를 해산시켰다. 의회 해산에 따라 선거를 치렀고 결과는 여당의 참패였다. 여당인 자유당 의원 22명은 선거에 앞서 탈당했다. 4월 19일 치러진 총선에서 자유당은 466석 가운데 199석밖에 얻지 못하며 참패했다. 정권을 유지하기는 했지만 소수 여당으로 전락하면서 요시다 총리의 영향력은 급격히 약화되었다. 결국 요시다 총리는 12월 7일 총리직에서 물러났다. 요시다 총리는 일본 정치사에 있어 다섯 차례에 걸쳐 총리를 지낸 유일한 사람이었다. 그런 그가 총리직에서 물러나게 된 결정적인 계기는 흥분을 감추지 못하고 내뱉은 '바보 자식'이라는 실언 한마디였다.

미국에서도 정치 지도자의 실언 한마디로 인해 정국이 바뀐 일이 있다. 2006년 8월 미국 중간 선거 때의 일이다. 공화당의 조지 앨런(George Allen) 상원의원은 민주당 짐 웹(Jim Webb) 후보의 인도계 선거 운동원을 가리키며 이런 말을 했다.

"노란 셔츠를 입은 '마카카(macaca)' 같은 청년을 상대방 후보 진영에서 보냈는데 내가 가는 곳마다 따라다닌다."

마카카는 짧은 꼬리 원숭이를 뜻하는 말로 인종차별적인 표현이다. 앨런이 이런 말을 하는 동영상이 유튜브에 올려졌고 수백만 명이 그것을 봤다. 그는 인종차별주의자로 낙인찍혔다. 결국 선거에서 낙선했다. 파장은 앨런의 낙선으로 끝나지 않았다. 공화당은 상원에서 야당으로 전락했다. 「CNN」은 그해 11월 22일 미국을 떠들썩하게 했던 말썽꾸러기 정치인들을 모아 '2006년 정계의 멍청이 랭킹 5'를 뽑았는데, 앨런을 1위로 선정했다.

정치평론가 마크 프레스턴(Mark Preston)은 이렇게 평했다.

"앨런은 수백만 번이나 클릭된 그 짧은 동영상만 없었다면 공화당의 유력한 대선 주자들 중 한 명으로 활약하고 있었을 것이다."

2년 뒤 치러진 선거에서 공화당은 백악관과 의회까지 모두 민주당에 내줬다. 한마디 실언이 남긴 후폭풍이었다.

올림픽을 날려버린 대통령의 농담

2005년 7월 3일 프랑스의 자크 시라크(Jacques Chirac) 대통령은 러시아 칼리닌그라드에서 열린 러·프·독 정상회담에 참석했다. 러시아의 블라디미르 푸틴(Vladimir Putin) 대통령과 독일의 게르하르트 슈뢰더(Gerhard Schroder) 총리도 함께하는 자리였다. 시라크 대통령이 휴식 시간에 담소를 나누다가 "영국이 유럽 농업에 기여한 것이라곤 광우병밖에 없다"라고 농담을 하자, 다른 두 정상은 박장대소했다. 당시 시라크 대통령은 2012년 제30회 하계 올림픽을 파리에서 개최하기 위해 애쓰고 있었다. 파리는 올림픽 개최권을 따내기 위해 런던과 치열한 경쟁을 벌였다. 시라크 대통령의 농담은 영국을 깎아내리는 것이었다. 그는 영국을 폄하하는 농담을 이어갔다.

"음식 맛이 형편없는 나라의 사람들은 믿을 수가 없다. 핀란드를 제외하면 영국이 유럽에서 가장 음식 맛이 없다."

푸틴 대통령이 웃으며 "미국의 햄버거는 어떠냐?"라고 묻자 시라크 대통령은 "햄버거는 그래도 나은 편이다"라고 두둔했다. 취재 기자들은 세 정상이 주고받는 이야기를 다 듣고 있었다. 시라크 대통령의 발언을 프랑스의 「리베라시옹」이 자세히 보도했다. 이어 영국 언론들이 일제히 크게 보도했다. 영국 언론들은 시라크 대통령을 비판하면서, 그가 영국보다 음식 맛이 더 형편없다고 핀잔을 준 핀란드를 적극 끌어들였다. 영국의 대중지 「선」은 "역겹고 좀스러운 인종주의자 녀석이 우리를 비웃었다"라고 표현하면서 "도매금으로 넘어간 핀란드가 올림픽 유치 투표에서 두 표를 갖고 있는 만큼 본때를 보여줘야 한다"라고 핀란드를 부추겼다. 「로이터」 통신은 "핀란드와 영국이 '음식에 있어서 악의 축' 국가로 지목되었다"라고 표현했다. 영국은 계속 시끌시끌했고 기자들은 시라크 대통령을 물고 늘어졌다.

7월 6일 싱가포르에서 국제올림픽위원회(IOC)의 2012년 하계 올림픽 개최지 결선 투표가 치러졌다. 현지 전문가들은 막판까지도 파리가 런던보다 약간 우세하다고 봤다. 그러나 뚜껑을 열자 런던이 파리를 제치고 개최권을 손에 쥐었다. 불과 네 표차였다. 언론들은 시라크 대통령의 음식 폄하 발언에 자극받은 핀란드 IOC 위원 2명이 모두 런던에 표를 던지면서 판세가 역전되었을 가능성이 있다고 추정했다. 올림픽 유치를 위해 치열한 경쟁을 했고, 한 표가 아쉬운 상황에서 시라크 대통령이 아무리 농담이라지만 영국만이 아니라 핀란드의 음식까지 폄하한 것은 외교 역사상 쉽게 잊히지 않을 말실수로 기억되고 있다.

베를린 장벽이 무너진 날의 진실

1989년 11월 9일 오후 7시 무렵, 당시 독일 공산당(옛 동독의 사회주의 통일당)의 정치국원이면서 정부 대변인을 맡고 있는 귄터 샤보브스키(Gunter Schabowski)가 동베를린의 국제 프레스 센터에서 기자 회견을 하고 있었다. 샤보브스키는 이날 오전 열린 각료 회의의 결정 사항을 읽어 내려갔다.

"오늘 우리는 모든 동독 주민이 어떤 국경 검문소에서든 출국할 수 있는 규정을 시행하기로 결정했다."

동독 주민들은 몇 달에 걸쳐 여행 자유화를 요구하는 시위를 벌여왔다. 이에 따라 동독 정부는 '여행 완화 법안'을 발표했는데, 출국 비자를 발급하는 새로운 기관을 설립한다는 조항이 반발을 샀다. 이를 무마하기 위해 포고령 발표 형식으로 출국 비자 발급에 제한이 없음을 설명하는 자리였다. 기자들이 질문을 쏟아냈다.

"그럼 언제부터 시행합니까?"

"서베를린에도 적용됩니까?"

"여권 없이도 여행이 가능합니까?"

여행 완화 조치는 다음 날부터 시행할 예정이었다. 그러나 샤보브스키는 휴가를 다녀온 직후라 각료 회의 결정 사항을 제대로 알지 못했다. 그는 머뭇거리다 이렇게 대답했다.

"내가 아는 한 즉시……."

또 여행 완화 조치가 서독과 서베를린으로 가는 여행에도 적용되느냐는 질문에 머뭇거리다 "그렇다"라고 대답했다. 동독과 서독 기자들은 별다른 반응이 없었다. 그런데 이탈리아 「안사」 통신의 리카르도 에르만(Riccardo Ehrman) 특파원은 달랐다. 본사에 전화를 걸어 "베를린 장벽이 무너졌다"라는 제목으로 기사를 내달라고 요청했다. 긴급 뉴스로 처리해달라고 했다. 본사에서는 믿지 않았다. 그러나 에르만 특파원은 현장의 기자를 믿어달라고 간청했고 뉴스는 전 세계로 전해졌다. 그러자 「AP」, 「AFP」 등 서방의 통신사들이 그 뒤를 이어 같은 보도를 했다. 곧 서독의 방송사들도 "동독, 국경을 개방하다"라고 보도했다.

동독인들은 서독 TV의 보도를 보며 흥분했고 국경으로 향했다. 물밀듯 밀려오는 사람들의 위세에 밀려, 동독 검문소의 한 장교가 국경의 문을 열어준 것은 밤 10시 45분이었다. 동독인들과 서독인들은 망치로 장벽을 부수기 시작했다. 아무도 예상치 못한 역사적인 베를린 장벽 붕괴는 그렇게 이뤄졌다. 여행 완화 조치는 사실 별것 아니었다. 출국 허용 지점을 전 국경 검문소로 확대하고, 여권 발급 기간을 단축하며, 여행 동기 등을 설명할 자료를 제출하지 않아도 외국 여행을 신청할 수 있게 한다는 것 정도였다. 그러나 샤보브스키의 사소한 실언으로 인해, 언론이 오보를 내면서 세계사의 한 획을 긋는 사건이 일어났다.

샤보브스키는 국민과 당원의 반발로 12월에 퇴진했고, 1990년 초 통일 사회당이 민주 사회당으로 쇄신할 때 당에서 제명당했다. 통일 뒤에는 베를린 장벽을 넘으려던 동독인 다수를 살해하는 데 정치적인 역할을 한 혐의로 3년형을 선고받고 10개월간 수감되기도 했다. 에르만 특파원은 2008년 독일 대통령에게서 독일 최고의 영예인 연방십자훈장을 받았다.

입을 병마개 막듯 한다면

"말이 많으면 허물을 면하기 어려우나 그 입술을 제어하는 자는 지혜가 있느니라." – 『구약성서』

"남의 입에서 나오는 말보다 자기 입에서 나오는 말을 잘 들어라." – 『탈무드』

"험담은 세 사람을 죽인다. 말한 자, 험담의 대상자, 그 말을 들은 자." – 『미드라시(유대교 성서)』

고금동서를 막론하고 말을 신중하게 하라는 뜻을 담은 속담과 격언이 아주 많다. 우리 속담에도 "말 한마디에 천 냥 빚도 갚는다"라는 말이 있다. 하지만 말을 잘못하면 사람을 죽게 만들기도 한다. 말은 한번 내뱉고 나면 바람에 날려버린 닭털처럼 주워 담을 수가 없다.

"한번 잘못한 말은 사두마차(四頭馬車)로도 따라갈 수가 없다."

공자의 제자인 자공의 말이다.

동양의 역사를 돌아보면 전제군주의 말 한마디에 벼슬을 잃고 목숨까지 잃은 사례가 많다. 그러다 보니 말을 매우 신중히 하라는 충고를 남긴 사람이 많다.

중국 당나라가 망한 뒤 후당 때부터 재상을 지낸 풍도(馮道)라는 사람이 있다. 그는 오대십국 시대를 거치며 다섯 왕조에서 여덟 성씨의 왕 11명을 섬겼다. 30년 동안 고위 권력을 누렸는데 재상으로 지낸 기간만 해도 20년에 이르렀다. 그를 지조 없는 정치가라고 하는 사람도 있고 처세의 달인이라고 하는 사람도 있다. 이런 평가에 대해 그는 이렇게 해명했다고 한다.

"나는 황제를 섬긴 것이 아니라 나라를 섬겼다."

그가 이런 시를 남겼다.

[1]입은 재앙을 불러들이는 문이요
혀는 제 몸을 베는 칼이로다
입을 닫고 혀를 깊이 감추어두면
가는 곳마다 몸이 편안하리라

---

1 口是禍之門(구시화지문)
   舌是斬身刀(설시참신도)
   閉口深藏舌(폐구심장설)
   安身處處牢(안신처처우)

조선 광해군 때의 '천재' 허균은 가벼운 말과 행동으로 자주 물의를 빚었다. 그를 위해 사명대사가 써준 시가 있다.

[2]남의 잘잘못을 말하지 말게나
이로움이 없을 뿐만 아니라 재앙까지 불러온다네
만약 입 지키기를 병마개 막듯 한다면
이것이 바로 몸을 편안케 하는 으뜸의 방법이라네

입 지키기를 병마개 막듯 하라는 사명대사의 충고는 "입과 혀는 재앙과 근심의 문이고 몸을 망치는 도끼이다"라는 『명심보감』의 구절과 비슷하다. 『명심보감』은 "입을 지키기를 병과 같이 하고(守口如瓶), 뜻을 막기를 성문 지키듯 하라(防意如城)"라는 중국 송나라 주희의 말을 싣고 있다.

중국 쿵푸 영춘권 대가의 일대기를 다룬 왕가위 감독의 영화 「일대종사」에서 주인공 예원(양조위 분)이 자신의 아내(송혜교 분)

---

2 休說人之 短與長 (휴설인지 단여장)
　非徒無益 又招殃 (비도무익 우초앙)
　若能守口 如瓶去 (약능수구 여병거)
　此是安身 第一方 (차시안신 제일방)

에 대해 이렇게 설명하는 부분이 있다.

"아내는 말수가 적었다."

물론 송혜교 씨가 중국어 대사를 많이 소화하기 어려운 한국 배우라서 캐릭터를 그렇게 정했을 수도 있다. 그렇지만 이어지는 설명은 그런 생각을 잠시 접어놓게 할 만큼 그럴듯하다. 예원은 이렇게 덧붙였다.

"말은 상처를 남기기 때문이다."

과연 그렇다. 말은 상처를 남긴다. 옛사람들은 말을 줄이라고 수도 없이 충고했다. 고대 그리스의 유명 정치가이자 웅변가인 데모스테네스(Demosthenes)는 "웅변은 은이요, 침묵은 금이다"라고 했다. 하지만 예원의 아내처럼 그저 과묵해지는 것이 인생살이에서 가장 좋은 방법은 아닐 것이다. 사람은 혼자서는 살 수 없다. 다른 사람과 소통하는 데 있어 가장 유력한 수단은 언어다. 그리고 원활한 소통은 삶을 얼마나 윤택하게 해주는가. 말을 안 하면 낳고 길러서 함께 사는 어머니도 자식의 속내를 다 모른다고 한다. 그러니 말은 해야 한다. 말을 하되 가려서 제대로 해야 한다.

2장

한 번의 말실수가
백 번의 진심을 무너뜨린다

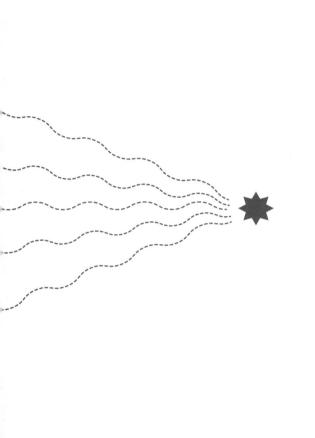

분노를 사는 말 한마디

말을 하는 이유는 타인과 의사소통을 하기 위해서다. 효과적으로 소통하려면 상대방에게 원하는 메시지를 명확하게 전달할 수 있는 능력이 필요하다. 상대를 배려하는 말투와 명확하게 표현하는 단어, 상대의 의견이나 감정을 파악하는 경청능력이 어우러질 때 상대를 공감할 수 있다. 이를 지키지 못하는 순간 실언을 하게 된다. 말을 잘하는 것보다 더 중요한 것은 '실언을 하지 않는 것'이다. 실언은 한순간에 인간관계를 망칠 수 있을 만큼 치명적이기 때문이다.

국어사전은 실언을 '실수로 잘못 말함. 또는 그렇게 한 말. 즉 말실수'라고 설명한다. 안 하는 게 더 좋았을 말, 하지 말았어야 하는 말이 실언이다. 상대방의 처지에서는 듣고 싶지 않은 말이라고 할 수 있다. 귀에 거슬리고 불쾌감을 유발하는 말이다. 상대방이 받아들이기 어려운 충고를 하면서, '몸에 좋은 약은 쓴 법'이라고 우기는 것은 큰 잘못이다. 이는 충고의 기술이 어설퍼 저지르는 실언일 뿐이다. 사람의 마음을 다치게 한 말은 실언이다. 처음부터 그럴 의도를 갖고 한 말이라면 폭언이거나 망언이라 해야 할 것이다. 다만 의도하지 않았다고 해도 결과적으로 사람의 마음을 다치게 했으니 실언이라고 하는 것이다.

말하기 훈련이 잘되어 있는 사람은 실언을 하는 순간 바로 자신이 실언했다는 것을 알아차린다. 그러나 대개는 자신이 실언했다는 것을 잘 모른다. 상대방이 화를 내지 않으면 아예 실언한 줄 모르고 지나갈 수도 있다. 하지만 그렇다고 해서 실언한 사실까지 없어지는 것은 아니다. 어떤 말이 실언이 될까? 사례를 들어보자.

2014년 5월 13일 터키 마니사에 위치한 소마의 탄광에서 지하 폭발 사고가 일어났다. 갱도에서 작업 중인 광부가 수백 명이었다. 레제프 타이이프 에르도안(Recep Tayyip Erdogan) 총리는 사고 이튿날 현장을 방문했다. 모여든 사람들이 총리에게 야유를 퍼부었다. 그러자 총리가 한 청년에게 이렇게 말했다.

"사고는 벌어진 일이고 이는 신의 섭리다. 이 나라의 총리에게 야유하면 너는 맞는다."

총리의 발언은 언론에 크게 보도되었다. '신의 섭리'라는 말은 희생자와 유족, 지인들의 고통을 전혀 이해하지 못한 말이었다. 시민의 합당한 야유에 총리가 화를 낸 것을 두고 여론은 분노로 들끓었다.

우리나라에서도 비슷한 사건이 있었다. 2014년 4월 16일 세월호가 침몰해 경기도 안산 단원고 학생들을 비롯한 304명이 희생되었다. 그런데 5월 20일 한국기독교총연합회 조광작 목사가 임원 회의에서 한 말이 언론에 보도되어 큰 논란이 일었다. 조 목사는 이렇게 말했다고 한다.

"가난한 집 아이들이 경주 불국사로 수학여행을 가면 될 일이지, 왜 배를 타고 제주도로 가다 이런 사달이 빚어졌는지 모르겠다."

희생자들을 위로하기는커녕 '배를 타고 간 것'에 책임이 있다는 듯한 말에 '망언'이란 비판이 쏟아졌다. 조 목사는 사과하고 사표도 썼지만, 한국기독교총연합회의 인터넷 홈페이지는 누리꾼들의 항의성 방문이 이어지면서 한때 마비되었다.

인간의 목숨이란 얼마나 소중한 것인가. 생텍쥐페리는 『인간의 대지』에 이렇게 썼다.

"사람은 각자가 하나의 제국이다. 탄광이 무너져 한 광부의 머리 위를 덮어버릴 때 도시의 생활은 정지된다. 비탄에 잠긴 그의 동료들, 부인과 아이들은 괴로워서 어쩔 줄 모른다. 구조대원들은 곡괭이로 자신들의 발아래에서 흙을 퍼올린다. 그들이 찾는 것은 무엇인가? 그들은 의식적으로 사회의 한 단위를 구하려는 것인가? 그들은 일할 능력을 가늠해본 뒤 늪에 빠진 말을 구해주듯이 인간을 구하는 것인가? 구조 작업 도중에 10명의 광부가 죽을지도 모를 일이다. 수치 계산은 얼마나 유치한가? 그것은 수많은 개미들 중 한 마리를 구하는 문제는 아니다. 그들은 이 세상의 다른 어떤 것과도 바꿀 수 없는, 중요성을 가진 제국을 구하는 것이다."

인간이 가장 소중하게 여기는 목숨을 가볍게 다루는 말은 공분을 산다. 에르도안 총리나 조광작 목사가 생텍쥐페리의 글을 진작 읽었더라면 좋았을 것이다.

역린은 누구에게나 있다

설득하기의 어려움을 쓴 『한비자』 세난(說難) 편에 용(龍)의 '역린(逆鱗)' 이야기가 나온다. 상상 속의 동물인 용은 잘 길들이면 사람이 타고 다닐 수 있을 정도로 기질이 온순한데, 그런 용도 턱 아래에 역방향으로 나 있는 한 자 정도 길이의 비늘인 역린을 건드리면 그 대상을 죽인다는 것이다. 『한비자』는 군주에게도 역린이 있어서 신하가 이를 건드리면 절대로 살려두지 않으니 군주 앞에서 각별히 말을 조심하라고 충고했다. 특히 충고할 때도 상대방이 나를 어떻게 생각하고 있는지를 알아낸 다음에 해야 한다고 강조했다.

"상대방이 나를 좋아할 때는 옳은 말을 하면 금방 마음에 들어 하며 더 가까이 하게 된다. 그러나 처음부터 미워하고 있다면 옳은 말을 해도 받아들이지 않고 더욱 멀어질 뿐이다."

절대 군주 앞에서 말 한마디를 잘못해 목숨을 잃거나, 무시무시한 처벌을 받은 역사를 우리는 많이 알고 있다. 그것이 옛날 이야기라지만 역린은 임금에게만 있는 게 아니다. 사람은 누구나 건드리면 폭발하는 역린을 갖고 있다.

보험 회사 영업 사원인 직장인 K씨는 일을 시작한 직후 오빠를 찾아갔다. 보험 가입을 권유하기 위해서였다. 그때 오빠는 이렇게 말했다.

"야, 보험은 사람들 피 빨아먹는 일이야. 왜 네가 그런 걸 하냐?"

K씨는 그 뒤 가족이나 친지에게는 보험 가입을 권유하지 않고 열심히 일해서 좋은 실적을 냈다. 하지만 그때 오빠가 한 말은 결코 잊지 못한다.

"오빠가 이미 보험에 많이 가입했다거나 여력이 없어 가입하기 어렵다고 했다면 이해했을 거예요. 그런데 그런 말을 들으니 돌아오는 길에 가슴이 찢어지는 것 같았어요."

K씨 오빠의 말은 폭언이라고 해도 지나치지 않은 실언이다.

「CBS」 표준FM의 「라디오 3.0 남궁연입니다」와 여론조사 전문기관 포커스컴퍼니가 2014년 6월 온라인 패널을 활용해, 전국 30세 이상 기혼 남녀 871명을 대상으로 배우자에게 들은 가장 충격적인 말을 조사한 적이 있다.

남편에게 들은 말 중 가장 충격적인 말로 "하루 종일 집에서 도대체 뭐 하는 거야?"(29.5%)와 "당신이 뭘 안다고 그래?"(29.5%)가 공동 1위였다. 이어 "너희 집(친정)은 왜 그 모양이냐?"(17.2%), "반찬이 이거밖에 없어?"(13.0%), "너는 왜 그렇게 뚱뚱하냐?"(6.9%), "얘는 누구 닮아서 이래?"(3.9%) 순이었다. 기혼 여성들은 "하루 종일 뭐 했냐?" "무능하다" 등 자존심을 긁고 자신을 비하하는 남편의 말에 가장 큰 상처를 받았다고 대답했다.

기혼 남성들은 아내에게 들은 가장 충격적인 말로 "이 월급으로 어떻게 살라고? 옆집 남편은 연봉이 얼마라더라"(33.5%)를 가장 많이 꼽았고, "당신(시댁) 식구들은 왜 그래?"(33.1%), "당신과 결혼하지 않았으면 판검사와 결혼했을 거야!"(12.9%), "남자가 왜 그렇게 힘이 없고 비실비실하냐?"(11.3%), "얘는 누구 닮아서 이래?"(9.2%) 순이었다. 다른 사람과 비교하는 말과 본가를 비난하는 말에 가장 큰 상처를 받았다고 대답했다.

사람들은 콤플렉스를 건드리는 말을 싫어한다. 2023년 9월 채용 플랫폼 '캐치'가 취준생 2,404명을 대상으로 '명절에 가장 듣기 싫은 잔소리'에 대해 설문조사를 해서 발표했다. 명절에 가족과 대화할 때 가장 듣기 싫은 말 1위는 응답자의 47%가 꼽은 '취업은 언제 하니?'였다. 2위는 '결혼은 언제 하니? 만나는 사람은 있니?'로 17%를 기록했다. 'OO는 대기업에 입사해서 연봉 5천만 원이 넘는다더라'와 같은 타인과의 비교가 15.9%, '살 좀 빼야겠다'와 같이 외모를 지적하는 말이 15.6%

로 뒤를 이었다.

　사람은 자신뿐만 아니라, 가족이나 사랑하는 사람, 친구, 동료, 그리고 자신이 속한 직업군이나 민족, 국민, 같은 지역 사람을 싸잡아 비난하는 말도 싫어한다. 실언을 자주 하기로 유명한 일본의 전 총리 아소 다로는 2009년 3월 21일 총리실에서 열린 '경제 위기 극복을 위한 전문가 회의'에서 이런 말을 했다.

　"주식업계에 종사하는 사람은 신용을 얻지 못하고 있다."

　이는 주식업계에서 일하는 사람들을 깎아내리는 말이었다. 그는 주식업에 종사하는 사람이라는 뜻으로 '가부야(株屋)'라는 말을 썼는데, 이는 속어로 비하의 뉘앙스를 담고 있는 말이다. 그는 주식 투자자들에 대해서는 한술 더 떴다.

　"주식과 관련된 일을 한다고 하면 시골에서는 뭔가 이상한 사람으로 본다. '저 사람 주식하고 있어'라고 말하면 마치 이마에 침이라도 묻은 것처럼 보는 경우가 있다."

　아소 총리의 발언에 주식업계가 나서 반발했다. 사이토 아쓰시 도쿄증권거래소 사장은 사흘 뒤 기자 회견에서 아소 총리의 발언에 대해 "진지하게 주가 대책을 논의해야 할 시점에 그런 발언을 하다니, 도대체 무슨 대책을 내겠다는 건가"라고 노골적으로 불쾌감을 드러냈다. 야당의 간사장 또한 거세게 비판했다.

공감에 대한 기대를 배신하지 마라

황희 정승은 젊은 시절, 암행어사가 되어 어느 시골길을 걷다
가, 한 농부가 검정소와 누렁소에 쟁기를 매어 밭을 갈고 있는
것을 보았다. 황희는 농부를 향해 물었다.

"이보시오. 두 마리 중에 어느 소가 일을 더 잘합니까?"

농부는 밭을 갈다 쟁기를 놓고 황희의 귀에 대고 속삭였다.

"누렁소가 일을 더 잘합니다."

황희는 의아해하며 왜 귀에 대고 속삭이느냐고 물었다. 그러
자 농부가 조심스럽게 말했다.

"아무리 하찮은 짐승이라고 하더라도 서로 비교되는 건 싫어
합니다."

교과서에도 실린 적이 있는 잘 알려진 이야기다. 농부의 마
음 씀씀이가 곧 배려다. 소에게도 그런 배려를 해야 할 터인데,
상대가 사람이라면 더욱 말을 조심해야 하지 않겠는가. 사람은
이해받고 인정받고 싶어 하는 존재다.

『국부론』의 저자로 유명한 근대 경제학의 아버지 애덤 스미
스(Adam Smith)는 대학에서 도덕철학을 강의했고, 그 가운데
윤리학에 해당하는 부분을 『도덕감정론』이라는 책으로 정리했

다. 이 책의 핵심 내용은 이렇다.

"다른 사람도 마음속으로 우리 마음속의 감정에 동류의식을 느끼고 있음을 보게 되는 것 이상으로 즐거운 일은 없다. 또한 다른 사람이 마음속으로 우리와는 반대로 느끼고 있음을 보게 되는 것만큼 충격적인 일은 없다."

스미스는 도덕감정의 기초는 모든 인간이 갖고 있는 '공감(sympathy)' 능력이라고 했다. 인간 행위가 도덕적인지 판단하는 기준이 '공감의 원리'에 바탕을 두고 있다고 본 것이다. 사람은 누구나 공감 능력을 갖고 있기에, 만약 내가 어떤 행동을 한다면 다른 사람이 어떻게 생각할지 예측할 수 있다. 그렇기에 다른 사람의 공감과 인정을 얻는 방향으로 내 행동을 스스로 규율한다. 그것이 곧 양심이다.

실언은 공감에 대한 기대를 배반한 말이다. 공감에 바탕을 두고 이뤄지는 행동이 배려인데, 배려가 결여된 말도 실언이 된다. 실제로 사람들이 가장 흔히 범하는 실언들은 '공감과 배려의 결핍'이 원인이다. 어느 대학 교수 일행이 차를 타고 여행을 하고 있었다. 한 교수가 말했다.

"저는 운전하는 걸 무척 좋아해요. 화가 나도 운전만 하면 풀리더라고요."

그러자 옆에 앉은 교수가 이렇게 대꾸했다.

"김 교수, 그런 말 하지 마. 그런 말하면 평생 운전질이나 하고 살 수도 있어. 말이 씨가 된다고 이 사람아."

이야기를 다 끝낸 교수는 운전기사의 뒷모습을 보고 아차 싶었다. 운전하는 일을 '운전질'이라고 말해버린 것이다. 이미 엎질러진 물이었다.

상대방의 처지를 생각하라

"10여 년 전 갑자기 신장이 나빠져서 투석을 받게 되었습니다. 스무 살 청춘의 날개를 꺾는 청천벽력 같은 소식에 많이 당황했고 힘들었습니다. 투석을 받기 위해 관을 삽입하는 수술을 받기 전날 의사 선생님과 만났어요. 수술 내용과 부작용 등을 설명하는 자리였지요. 이런저런 설명을 한 다음에 무표정한 얼굴로 수술이 잘 안 되면 사망할 수도 있다고 했습니다. 나중에 책임을 지지 않기 위해 미리 고지하는 것은 당연하다고 생각했지만, 막상 사망이라는 단어를 들으니 다리가 풀리고 맥이 빠졌습니다. 그 두려움은 제가 감당하기에는 너무 무거웠습니다."

이 이야기는 한 회사원이 자신의 경험담을 들려준 것이다. 설령 사망할 가능성이 있다고 하더라도, 너무 걱정하지 말라고 일단 안심하게 해줬다면, 희망이 있음을 강조했다면 참 좋았을 것이다. 전문직 종사자들이 자신의 일에만 충실하다가 다른 사람을 잘 배려하지 못하는 경우를 가끔 본다. 의사는 환자와의 관계에서 상대적으로 높은 위치에 있다. 이런 관계에서는 실언을 하더라도 상대방이 피드백을 해줄 수 없다. 그래서 실언이 반복되고 습관으로 굳는 일도 있다. 피고인에게 형을 선고하는 판사, 학생을 가르치는 교사 등도 권위적으로 말하는 것이 습관이 되지 않도록 주의할 필요가 있다.

2014년 4월 16일 세월호 사고 뉴스특보를 전하던 한 방송사의 앵커가 구조된 단원고 여학생을 인터뷰하면서 이렇게 물었다.

"혹시 친구가 사망했다는 사실을 알고 있습니까?"

앵커는 친구의 사망 소식을 직접 전했다. 여학생은 "아니오, 못 들었어요"라고 말한 뒤 바로 울음을 터뜨렸다. 이 보도는 큰 논란을 빚었다. 가까운 사람의 죽음을 알리는 방식은 상대의 감정을 고려해 신중히 결정해야 한다. 앵커의 질문에는 그런 배려가 전혀 없었기에 비난이 쏟아졌던 것이다.

때로는 침묵도 흉기다

공감의 기대를 저버린 것이 실언이라는 관점에서 보면, 때로 침묵도 실언이 될 수 있다.

"욕을 전혀 안 하시던 엄마께서 요즘 저에게 자주 '차가운 년'이라고 그래요."

한 학생의 하소연에 자세히 사연을 들어봤다. 자신이 엄마의 질문에 잘 대꾸를 하지 않는다고 했다. 엄마가 나이가 들면서 말을 거는 일이 늘었는데, 자신은 사근사근한 성격이 아니라 예전처럼 못 들은 척했다는 것이다. 이 경우 '차가운 년'이라는 엄마의 표현보다, 엄마가 건넨 말에 계속 침묵한 것이 더 잘못이라 해야 할 것이다.

애덤 스미스는 "공감이라는 말은, 가장 적절하고 본래적인 의미에서는 다른 사람들의 기쁨에 대해서가 아니라 그들의 고통에 대한 우리의 동류의식을 나타내는 것이다"라고 했다. 그는 특히 "친구들이 우리의 우정을 받아들여주기를 바라는 우리의 마음은 그들이 우리의 분개에 공감해주기를 바라는 마음의 절반 정도도 안 된다"라고 했다. 분개할 일에 대해 무관심한 듯한 태도를 보이면 참을 수 없다는 것이다. 불행한 사람들에게 그들의 재난을 경시하는 듯한 태도를 취하는 것은 잔인한 모욕이다. 누군가 어떤 일에 분개하면서 말할 때는 공감해주기를 바라기 때문이다. 그때 책임을 전가하거나 침묵한다면 말을 한 사람은 배신감을 느끼게 된다.

파울로 코엘료(Paulo Coelho)도 『마법의 순간』에서 이렇게 충고했다.

"당신이 입 밖으로 내뱉은 말 때문에 누군가 상처를 받을 수도 있습니다. 그러나 당신이 내뱉지 않고 삼켜버린 말 때문에 상처를 받는 사람도 있답니다."

우리가 가까운 사람과 속을 털어놓고 이야기하는 이유는 공감해줄 것이라는 기대가 있기 때문이다. 애덤 스미스의 말이다.

"우리가 그저 알고 지내는 사람으로부터 기대하는 공감은 절친한 친구로부터 기대하는 것보다 작다."

가까운 사람의 실언에 훨씬 큰 상처를 받는 이유는 애초 기대했던 공감을 얻지 못하고 배신감을 느끼기 때문이다. 기대가 클수록 배신감도 큰 법이다. 심리학자 진 피아제(Jean Piaget)는 '공감'이란 타인의 상황을 알고, 그 사람의 기분과 감정을 이해해 적절하게 반응해주는 것이라고 정의했다. 그는 공감 능력이 8세 이후부터 형성되기 시작한다고 했다. 4~7세 유아는 타인의 관점에서 생각하지 못하고 옳고 그름을 판단하기가 어렵다는 것이다. 그러나 나이를 먹었다고 해서 모두가 공감 능력을 갖는 것은 아니고, 공감 능력을 갖췄다고 해서 제대로 발휘하는 것은 아니다. 우리는 다른 사람의 감정을 헤아리기 위해 애써야 한다.

평판을 떨어뜨리는 말

말에 욕설을 많이 섞는 사람은 그것이 한 덩어리의 실언이라는 사실을 잘 인식하지 못한다. 욕을 좀 섞어야 말맛이 난다고 생각하는 사람도 있다. 그러나 이는 착각이다. 대개의 사람은 그런 말투를 경박하다고 여긴다. 남에게 그다지 해를 끼치지 않으면서 스스로의 평판을 떨어뜨리는 말을 하는 것도 실언에 해당한다. 어설픈 거짓말도 일종의 실언이다. 상대는 말을 듣는 척하지만, 속으로는 '믿을 수 없는 사람'이라고 여기게 될 것이다.

아는 척하려다 도리어 '무지'를 드러내는 말도 실언이라 할 수 있다.

2023년 8월 30일, 국회 예산결산특별위원회 종합정책질의에 한덕수 총리가 등장했다. 이수진 더불어민주당 의원은 "국민들에게 교통비가 심각하지 않습니까. 택시비도 올랐는데 택시 기본요금이 얼만지 아시나요?"라고 질의했다. 그러자 한덕수 총리는 "글쎄요, 한 천 원쯤 되지 않나요?"라고 대답했다. 현실 물가를 모르는 총리가 민생경제를 어떻게 챙기겠느냐는 비판이 쏟아졌다. 과거에도 이와 비슷한 사례가 있었다.

2008년 한나라당의 당 대표 경선을 앞두고 열린 라디오 토론회에서 공성진 의원은 정몽준 후보에게 버스비가 얼마인지 물었다. 정 후보는 이렇게 대답했다.

"굉장히 어려운 질문을 했는데, 한 번 탈 때 한 70원 하나요?"

재벌 2세 총수인 정 후보가 버스비를 정확하게 알 것이라고 기대한 사람은 드물었을 것이다. 그러므로 차라리 모른다고 솔직하게 대답했으면 평판이 덜 깎였을 것이다. 그러나 현실과 크게 동떨어진 답변을 하자, '서민 물가를 전혀 모르는 재벌가 사람'이라는 비난이 일었다.

인종적 편견, 성이나 연령 또는 심신장애 등을 이유로 다른 사람을 깎아내리는 말도 자신의 평판을 깎아내리는 실언의 흔한 사례다. 2015년 12월 18일 김무성 새누리당 대표는 서울 관악구 삼성동을 찾아 당 청년위원회 인사들, 외국인 유학생들과 함께 사랑의 연탄 배달 봉사 활동을 하고 있었다. 김 대표는 봉사 활동을 하며 나이지리아 출신 유학생에게 "연탄 색깔하고 얼굴 색깔하고 똑같네"라고 웃으며 말을 했다. 해당 유학생은 김 대표의 발언을 웃어 넘겼지만, 인종차별적인 발언이라는 비판이 쏟아졌다. 김 대표는 자신의 페이스북에 "현장에서 친근함을 표현한다는 게 상처가 될 수 있음을 고려하지 못한 잘못된 발언이었다. 즐거운 분위기 속에 함께 대화하며 봉사하는 상황이었지만 상대의 입장을 깊이 고민하지 못했다"라고 사과했다.

혀가 미끄러지다

A와 B는 중학교 때부터 오랜 단짝이다. 고민이 있으면 서로 상담했고, 남자친구를 사귀게 되면 가장 먼저 소개할 정도로 친했다. 그렇게 친한 사이가 유지될 수 있었던 이유는 상대의 비밀을 잘 지켜주었기 때문이다. 어떤 말을 해도 제3자의 귀에

들어가지 않을 것이라는 신뢰는 고민을 털어놓을 수 있는 기본적인 조건이었다. 둘은 대학을 졸업하고 직장을 다니면서 한 집에서 살게 되었다. 그러던 중 이사 문제로 갈등이 일었다. A는 돈이 조금 들어도 넓고 깨끗한 집으로 이사를 가자고 했고, B는 저축을 많이 해야 하는 시기이니 집에는 돈을 조금 아껴 쓰자고 했다. 뜻을 합칠 수 없었다. 그날 두 사람은 술을 한잔 마시며 이사 문제를 매듭짓기로 했다. 이야기를 하는 도중에 A가 화가 나서 언성을 높였다.

"짠돌이. 너, 남자친구한테 제대로 밥이나 한번 사줬어?"

아차 싶었지만 이미 엎질러진 물이었다. B는 자리를 박차고 일어나 집을 나가버렸다. A는 평소에 B가 너무 돈을 아껴 쓰는 것에 내심 불만을 갖고 있었고, 그런 마음이 그만 '짠돌이'라는 표현으로 튀어나왔다.

영어에는 'make a slip of the tongue(말실수하다)'라는 표현이 있다. 혀에 브레이크를 걸어야 하는데 풀려버려 헛말이 나왔다는 뜻이다. 혀가 미끄러지면 감춰둬야 할 비밀이, 숨겨야 할 마음이 그만 세상의 빛을 보게 된다.

연설을 잘하기로 유명한 버락 오바마(Barack Obama) 미국 대통령도 '혀가 미끄러진' 경우가 있다. 미국은 2014년 6월 아프가니스탄 탈레반에 포로로 잡혀 있던 보우 버그달 병장을 석방시키기 위해, 쿠바 관타나모 수용소에 감금되어 있던 아프간 재소자 5명을 풀어주는 거래를 했다. 이 거래와 관련해 「NBC」와 한 인터뷰에서 오바마는 이 결정이 '나의 정부(my government)'에서 만장일치로 결정된 것이라고 말했다. 이를 두고 미국 정부를 누가 소유하고 있다고 생각하는지, 오바마의 속마음이 드러났다는 비판이 나왔다. 혀가 미끄러진다는 표현은 말실수 중에서도 드러내지 말아야 할 것을 드러내버린 말실수에 초점을 맞춘 표현이다. 애초 의도와는 다른 뜻의 말이 무심코 흘러나와버리는 경우에도 '혀가 미끄러졌다'라고 한다.

일본어에서도 실언(失言)이라고 쓸 때는 우리와 같은 한자를 쓴다. 그런데 일본어에는 이외에도 '입을 잘못 놀리다(口が滑る)'라는 표현이 있다. 이는 '말을 해서는 안 될 것(입 다물고 있어야 할 것)을 깜빡하고 말해버렸다'라는 뜻이다.

실언은 내게 쏜 화살

뮤지션 유희열 씨가 2015년 4월 3일 올림픽공원 체조경기장에서 열린 토이의 단독 콘서트에서 한 말이 논란이 되었다. 유희열 씨는 "내가 공연할 때 힘을 받을 수 있게 앞자리에 앉아계신 여자 분들은 다리를 벌려달라. 다른 뜻이 아니라 마음을 활짝 열고 음악을 들으란 뜻이다"라고 말했다.

콘서트는 별일 없이 끝났다. 하지만 콘서트가 끝난 뒤 발언 내용이 인터넷을 통해 알려지면서 수위가 지나쳤다는 지적이 나왔다. 이에 유희열 씨는 토이 공식 홈페이지를 통해 "경솔한 저의 가벼운 행동과 말에 아쉽고 불편해하시는 분들도 계셨을 텐데, 무척이나 죄송해지는 밤이다"라고 사과했다. 그의 농담이 콘서트 현장에 있던 사람들에게는 별 불쾌감을 주지 않았을 수도 있다. 하지만 인터넷을 통해 알려지자 말 그 자체가 냉정한 평가의 도마 위에 올랐다. 상대 또는 말의 대상이 된 사람에게 상처를 주지 않았다고 해도, 자신에 대한 평판을 깎아내리는 결과를 낳았다면 실언을 한 것이다. 유희열 씨의 경우는 발빠른 사과로 잘 수습한 사례다.

한국에 '피겨의 여왕' 김연아 선수가 있다면 일본에는 아사다 마오 선수가 있다. 2010년 캐나다 밴쿠버 동계올림픽에서 김연아 선수는 올림픽 역대 최고 점수인 228.56점으로 아사다 마오 선수(205.50점)를 누르고 금메달을 목에 걸었다. 아사다는 은메달에 만족해야 했다. 일본인들은 4년 뒤인 2014년 러시아 소치 동계올림픽에서 아사다가 금메달을 따서 설욕해주기를 바랐다. 2월 20일 피겨 스케이팅 여자 싱글 쇼트 프로그램 경기가 열렸다. 그러나 아사다의 연기는 일본인들의 기대를 저버렸다. 아사다는 첫 점프 과제인 트리플 악셀에 실패했고, 또 다른 실수가 이어지면서 결국 16위에 머물렀다. 아사다의 피겨 인생 최악의 경기라는 평가가 나왔다. 2020년 도쿄 올림픽 조직위원장을 맡고 있는 모리 요시로 전 일본 총리는 이날 후쿠오카에서 강연을 하면서 아사다의 연기를 비꼬았다.

"아주 보기 좋게 넘어졌다. 아사다 마오는 중요한 경기에서는 꼭 넘어진다."

"아사다 마오를 단체전에도 내보내 창피함을 느끼게 할 필요는 없었다."

아사다가 이 말에 얼마나 상처를 받았는지는 알 수 없다. 이튿날 열린 프리 스케이팅에서 아사다는 생애 최고의 무대를 선보였다. 시즌 처음으로 트리플 악셀에 성공했고, 보통 선수들이 예닐곱 번 하는 점프를 여덟 번이나 했다. 아사다는 경기가 끝나고 눈물을 쏟았다. 개인 최고 점수가 나왔다. 하지만 쇼트 프로그램에서의 실수 때문에 종합 점수 6위에 그쳐, 설욕은 물론이고 메달을 따는 데도 실패했다.

모리 위원장의 발언은 즉각 파문을 일으켰다. 가와무라 다카시 나고야 시장은 "아무도 하지 않는 트리플 악셀에 도전하는 것은 박수받을 일이다. 모리 씨처럼 말한다면 도전하는 사람이 없어진다"라고 비판했다. 모리 위원장은 "진의가 잘못 전달되었다. 여자 피겨의 단체전 전략이 틀렸다고 지적하고 싶었던 것이다"라고 해명했지만 비판은 멈추지 않았다.

며칠 뒤 모리 위원장은 도쿄 신주쿠구 제1청사 앞에 마련된 도쿄 마라톤 행사 특설 무대에서 "마라톤에 참가한 시민들을 응원합니다"라고 인사말을 했다. 그러자 시민들은 야유를 보내기 시작했다. 「산케이 스포츠」는 "모리 전 총리가 마라톤 참가자들을 향해 웃는 얼굴로 손을 흔들었지만 반응은 싸늘했다"라고 전했다. 「아사히 신문」은 "운동선수를 존경하지 않는 사람이 올림픽 조직위원장을 맡는 것이 합당한가"라고 문제를 제기했다.

모리 위원장의 말은 분명 아사다 마오에게 상처가 되었을 것이다. 그러나 아사다는 이를 잘 수습했다. 귀국 기자 회견에서 아사다는 "저도 사람이기 때문에 실패할 수 있습니다. 실패하고 싶어서 실패하는 것은 아닙니다. 모리 위원장의 말이 좀 잘못된 말이 아닌가 생각했습니다"라고 말했다. 그러고는 곧 미소를 지으며 "현재로서는 올림픽이 끝났다는 생각뿐입니다. 모리 씨가 지금은 자신의 발언을 후회하고 있지 않을까요"라고 말해, 듣는 사람들을 웃게 했다. 그러나 모리 전 총리의 말은 두고두고 사람들의 기억에 남게 되었다.

사람은 타인의 말과 행동에 관심을 갖는 것에 그치지 않고 평가한 뒤 판단을 한다. 실언의 핵심은 그 말을 한 사람의 평판을 실추시킨다는 것이다. 일본의 '말하기 연구소' 소장인 후쿠다 다케시는 실언을 이렇게 정의한다.

"상대에게 폐를 끼친다. 이로 인해 자신의 평판을 나쁘게 한다."

그는 "상대나 주변에 거의 폐를 끼치지 않았더라도, 자신의 평판을 떨어뜨린다면 이 또한 실언이다"라고 했다. 참으로 중요한 지적이다. 영어에서는 실언을 '자기 입속에 발을 넣다(put one's foot in one's mouth)'라고 비유해 표현하기도 하는데, 이 또한 같은 맥락의 숙어라고 볼 수 있다. 미국의 사상가 랄프 왈도 에머슨(Ralph Waldo Emerson)은 "사람은 누구나 자신이 하는 말에 의해서 스스로에 대해 판단받게 된다. 원하든 원치 않든 말 한마디 한마디로 남 앞에 자신의 초상화를 그려놓는 셈이다"라고 했다.

실언을 반복하는 이유

2013년 8월 2일 일본 「아사히 신문」은 사회면 머리기사로 '실언, 몇 번째입니까?'라는 제목의 기사를 실었다. 1면 머리기사에 딸린 분석 기사였다. 「아사히 신문」이 실언을 반복하는 사람으로 지목한 이는 아소 다로 당시 부총리인데 한때 총리(2008년 9월~2009년 9월)까지 지낸 인물이었다. 그 무렵 문제의 발언은 자민당 아베 신조 내각의 헌법 개정 추진에 관한 것이었다. 아소 부총리는 7월 28일 도쿄에서 열린 한 심포지엄에서 이렇게 발언했다.

"어느 날 독일 바이마르 헌법이 나치스 헌법으로 바뀌어 있었습니다. 누구도 눈치채지 못하는 사이에 바뀌었습니다. 그 수법을 좀 배우면 어떨까요."

일본 국민이 눈치채지 못하도록 헌법을 바꿔버리자는 이야기였다. 일본 국내에서도, 외국에서도 비판이 쏟아졌다. 아소 부총리는 며칠 후 그 발언을 철회한다며, "내 진의와 달리 오해를 부른 것은 유감이다"라고 해명했다. 아소 부총리가 실언을 해서 문제가 된 것은 한두 번이 아니었다. 「아사히 신문」은 그가 외무상을 맡던 2007년부터 시작된 실언 다섯 가지를 열거하면서 그가 실언과 해명, 발언 철회를 되풀이해왔다고 지적했다. 예를 들면 이런 것이다.

"미국과 중국의 쌀값 차이는 치매 걸린 사람도 안다."

"분명히 말하는데 의사들 중에는 사회적 상식이 결여된 사람이 많다."

"돈이 없으면 결혼하지 않는 편이 낫다. 나는 돈이 없는 편이 아니었는데도 결혼을 늦게 했다."

아소 부총리는 왜 이렇게 실언을 계속하는 것일까? 「아사히 신문」은 전문가들의 말을 빌려, "그는 자신의 발언이 어떤 영향을 끼칠지 계산을 못하는 사람"이라고 보도했다. 한마디로 생각 없이 말을 마구 하는 스타일이라는 것이다. 아소 부총리처럼 실언을 반복하는 사람들이 있다. 그들이 '말 폭탄'을 터뜨리지 않을까 하고 주변 사람들은 늘 조마조마하다. 그들을 잘 관찰해보면 특징이 있다.

실언을 반복하는 사람들은 비슷한 상황에 놓였을 때, 비슷한 유형의 실언을 한다는 점이다. 문제는 크게 두 가지다. 하나는 평소의 좋지 않은 말 습관이다. 말실수를 반복하는 사람들은 특정한 방식의 습관을 가지고 있다. 부정적인 단어를 많이 쓴다든지 생각을 정리하지 않고 말하거나 너무 빠르게 말하는 습관이 있는지 점검할 필요가 있다. 가급적 부정적인 단어를 사용하지 않고 차분하게 말하려는 연습을 하는 것이 도움이 된다.

다른 하나는 정서적인 요인이다. 분노나 스트레스, 피로가 쌓일 때는 말을 선택하거나 제어하는 능력이 떨어질 수 있다. 그래서 마음이 지쳐 있을 때는 말을 절제하고 정서적인 안정을 취해야 한다.

실언의 무게

「tvN」의 코미디 프로그램 'SNL 코리아'에서 2014년 10월 방송한 '엄마말 번역기 러브맘'에서 엄마는 쉼 없이 말실수를 한다.

"엄마, 나 학교 갔다 올게."

"얘, 얘, 얘. 기다려봐. 포크레인 한입만 먹고 가."

딸은 엄마가 수저로 먹여주는 것을 받아먹으며 안타까운 듯 말한다.

"엄마, 콘푸레이크겠지."

그뿐만이 아니다. 엄마는 '키친 타월'을 '치킨 타월'이라고 발음한다. 영어의 키친과 치킨을 혼동하는 것이다. 엄마는 동성애자의 '커밍아웃'을 '로그아웃'이라 하기도 하고, '아메리카노'를 '아가리카노'라고 하기도 한다.

하지만 이런 단순한 말실수는 좀 해도 괜찮다. 왜? 엄마니까! 사람은 나이가 들면 말실수가 잦아진다. 본인이 말실수를 해놓고 알아차리지 못하기도 한다. 그런 엄마를 자식이 부끄러워한다면 오히려 그것이 더 부끄러운 일일 것이다.

노인들 중에는 외국어 이름을 제대로 기억하지 못하는 이가 적지 않다. 어느 택시 운전기사는 '메리야스 호텔'에 가자고 해도, 더 묻지 않고 '메리어트 호텔'에 바로 데려다준다고 한다. 그렇게 말하는 사람이 적지 않고 또 충분히 이해할 수 있다는 것이다.

정치인들은 말을 많이 한다. 그러다 보니 말실수로 구설에 오르는 일도 상대적으로 많다. 정치인의 말실수도 가벼운 것이 있고 치명적인 것이 있다. 프랑스의 프랑수아 올랑드(Francois Hollande) 대통령이 2013년 6월 일본을 방문했을 때의 일이다. 그는 도쿄에서 기자 회견을 하면서 일본인 10명이 희생된 알제리아 인질 사건을 언급했다. 그는 이렇게 말했다.

"프랑스 국민의 애도의 뜻을 중국인 여러분께 전하고 싶습니다."

희생된 이들은 일본인인데 엉뚱하게도 중국인에게 애도의 뜻을 전한 것이다. 올랑드 대통령의 이 발언을 통역사가 재빨리 '일본인 여러분께'로 바꿔 문제없이 넘어갔다. 하지만 기자 회견장에는 프랑스어를 할 줄 아는 일본 기자가 있어 말실수를 했다는 사실이 일부 언론 매체를 통해 알려졌다. 그 무렵 일본과 중국은 영토(센카쿠 또는 댜오위다오)를 둘러싸고 갈등이 있었으므로 자칫 민감하게 받아들일 수도 있었다. 하지만 올랑드 대통령의 '중국' 발언을 어떤 악의도 없는 단순한 말실수로 받아들였고 결국 별 문제가 되지 않았다. 본인이 말실수를 했다는 사실조차 의식하지 못했기 때문에 그냥 넘어갔다.

조 바이든 미국 대통령은 82세의 나이로 평소에 말실수를 자주 하는 편이다. 2023년 11월 29일 미국에 투자한 한국기업을 방문한 자리에서 연설 도중 한국 대통령을 "미스터 문(Mister Moon)"으로 부르고 말았다. "난 당신의 지도자 미스터 문과 친구다"라고 말하는 과정에서 윤석열 대통령이 아닌 문재인 전 대통령을 언급한 것이다. 바이든 대통령이 이런 실수를 한 것은 처음이 아니었다. 2022년 5월 방한 때도 윤 대통령, 이재용 삼성전자 회장과 함께 삼성전자 평택공장을 시찰하던 중 "문 대통령(President Moon)"이라고 했다가 바로 "윤(Yoon)"이라고 정정했다. 2021년 5월에는 문 전 대통령을 가리켜 "총리"라고 부르기도 했다. 재선을 준비하는 그에게 고령논란을 불러일으키는 실언이었다.

자신의 많은 노력을 순식간에 물거품으로 만들어버리는 실언도 있다.

2012년 미국 대통령 선거를 앞두고 공화당 경선이 있던 2011년 12월 10일 아이오와 주에서 토론회가 열렸다. 경쟁 후보인 릭 페리(Rick Perry)는 미트 롬니(Mitt Romney)가 개인의 건강보험 의무 가입을 지지한다고 지적했다. 그러자 롬니는 "틀렸습니다. 1만 달러 내기 어떻소?"라고 말했다. 이 말이 문제가 되었다. 롬니는 전 미시건 주지사 아들이고 2억 달러가 넘는 재산을 가졌다. 그런 그에게는 1만 달러가 아무것도 아닌 돈일 수도 있다. 하지만 1만 달러는 아이오와 주민 평균 연 소득의 5분의 1에 해당하고, 미국의 평균적인 가정이 1년 동안 쓰는 식료품비의 세 배가 넘는 돈이다. 이런 액수의 돈을 쉽게 내기에 거는 롬니가 중산층의 고통을 헤아릴 수 있겠느냐는 지적을 받았다.

2016년 미국 민주당 대선 후보 경선이 있던 때의 일이다. 힐러리 클린턴(Hillary Clinton)을 응원하던 매들린 올브라이트(Madeleine Albright) 전 국무장관은 경쟁자인 버니 샌더스(Bernie Sanders) 상원의원에게 젊은 여성들의 표가 모이자 2월 9일 뉴햄프셔 주 경선 유세에서 이렇게 말했다.

"샌더스 의원에게 표를 주려는 여성들은 정치적인 혁명을 도모하고 있다. 우리(그동안 열심히 일해온 여성들)가 사다리를 어떻게 타고 올라갔는지 이야기해줄 수 있다. 젊은 여성들은 그게 다 끝난 일이라고 생각하고 있지만 그렇지 않다. 서로를 돕지 않으려는(남성인 샌더스 의원을 뽑으려는) 여성들을 위해 지옥에 특별한 자리가 만들어져 있다."

올브라이트의 이 발언으로 젊은 여성들의 표가 떨어져나갔다. 외교적 언어로 평생을 살아온 올브라이트는 며칠 뒤 "나에게 있어 가장 비외교적 순간이었다"라고 하면서 이 발언에 대해 사과했다.

전략적 실언

캐나다 출신의 플로렌스 로렌스(Florence Lawrence)는 무성영화 시대에 할리우드 영화 크레디트에 처음으로 이름을 올린 할리우드 스타 1호로 꼽힌다. 1906년에 스튜어트 블랙톤이 감독과 주연을 맡은 'The Automobile Thieves'에 출연한 뒤 몇 편의 단편 영화에 출연했다. 로렌스는 영화사 「IMP」에 속해 있었고 바이오그래프 걸이란 이름으로 인기를 누렸다.

그녀가 배우로서 유명인사가 된 데에는 결정적인 계기가 있었다. 1909년 3월 미 중부 미주리 주에 있는 세인트루이스의 한 신문에 플로렌스 로렌스가 차 사고로 사망했다는 기사가 났다. 그리고 얼마 뒤 영화업계 소식지인 『모션 픽처 월드』에 '거짓을 벗긴다'라는 제목의 광고가 났다. 그녀가 죽었다는 말은 사실무근의 모함이며, 이를 증명하기 위해 그녀가 최근작의 개봉에 맞춰 세인트루이스에 나타날 것이라는 내용이었다. 광고는 바이오그래프 걸로만 알려져 있던 그녀의 실제 이름이 플로렌스 로렌스라고 처음으로 밝혔다.

1910년 약속한 날짜와 시각에, 세인트루이스 역에 로렌스가 정말로 나타났다. 그녀가 살아있는지 보기 위해 많은 사람들이

몰려들었고, 이 일을 계기로 로렌스는 일약 스타가 되었다. 이 일은 미리 각본에 따라 계획된 것이었다. 후발 주자인 독립영화 제작사 「페이머스 플레이스」의 프로듀서 칼 램믈이 로렌스를 스카우트한 뒤, 그녀를 널리 알리기 위해 일부러 연출한 것이었다. 노이즈 마케팅의 원조로 흔히 거론되는 사례다.

대중의 관심을 끌고 싶은 유명인사들 중에는 일부러 심하게 비판받을 말을 해서 노이즈 마케팅을 시도하는 이들이 가끔 있다. 유명인사들로선 잊혀지는 것이야말로 최악이다. 말을 잘못해 논란이 대상이 되면 타격이 없진 않겠지만, 그렇게 해서라도 관심을 끄는 쪽이 더 유리하다고 판단해서일 것이다.

이런 경우엔 실언 자체가 의도한 것이라서, 실언이냐 아니냐를 따지는 것 자체가 무의미하다. 대중매체가 실언이라고 비판하는 것이 오히려 의도를 실현할 수 있게 도와주는 결과가 될 수도 있다.

2016년 말 미국 대통령 선거에 공화당 후보로 출마한 도널드 트럼프는 망언에 가까운 의도적인 실언으로 공화당의 대통령 후보 자리를 거머쥐었다. 대통령 선거에서도 이겼다.

"양으로 100년을 살기보다는 사자로 하루를 살겠다."

트럼프는 당 후보 경선 주자 시절, 이탈리아의 파시스트 독

재자 베니토 무솔리니(Benito Mussolini)의 유명한 말을 인용했다. 자신의 지지자가 올린 글귀를 트위터에 그대로 올려놓고는 「NBC」 '언론과의 만남'과의 인터뷰에서 질문을 받자, "재미있는 어구를 연결시키고 싶었다"고 태연히 말했다. 그는 "무솔리는 무솔리니다. 그게 무슨 차이가 있나?"라며 "당신의 주의를 끌지 않았느냐?"라고 말했다. 만약 평소에 신중하다는 평가를 받는 다른 후보가 이런 말을 했다면 타격이 컸을지도 모른다. 그러나 트럼프는 논란이 되는 거친 말과 말투를 선거전의 무기로 삼았다.

트럼프는 정중함 같은 것은 내다버리고 함부로 욕을 했다. 하지만 그의 지지자들은 트럼프의 욕설을 기존 정치를 반대하는 그의 스타일로 여겼다. 트럼프는 백인우월주의자의 언어를 쓰고 인종차별적인 말을 쏟아냈다. 이는 흑인과 진보적인 사람들의 거센 비판을 사는 일이었으나 하층 백인들은 그를 열렬히 지지했다. 고학력 백인 중에도 지지자가 적지 않았다. 그들의 잠재의식 속에 있던 피해의식을 끌어낸 것이다.

트럼프의 막말 전략이 오히려 그의 선거승리를 이끈 동력이었을 수도 있었다는 점을 고려하면, 그의 발언이 왜 실언인지를 따지느라 시간을 낭비할 필요는 없을 것이다. 정치적 목적을 달성하기 위해 정교하게 계산하여 행한 '정치인의 의도한 실언'은 이 책에서는 실언으로 분류하지 않는다.

3장

공감과 배려는
어디에서 오는가?

공감과 배려가 없는 말

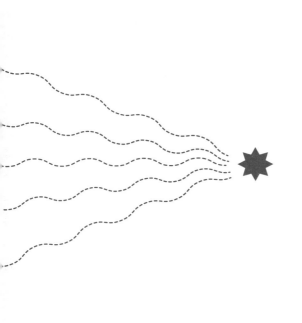

백 살까지만 사세요?

조선 세종 때 판중추부사 벼슬을 지내고 있던 민대생이라는 인물이 아흔 살을 맞았다. 정월 초하루에 조카들과 손자들이 와서 세배를 하고 축수했다. 한 조카가 100세 인생을 누리시라고 했다. 그런데 이 말을 들은 민대생이 버럭 화를 냈다.

"내 나이가 지금 아흔 살인데 백 살까지 살라는 건 앞으로 10년만 더 살라는 말이 아니냐. 그런 박복한 말이 어디 있느냐."

그러고는 조카를 쫓아내버렸다. 그 다음 사람은 절을 하면서 말을 바꿨다.

"100세까지 사시고, 또 한 번 100세를 누리십시오."

민대생은 "그래야지. 축수를 하려면 그렇게 해야 도리지"라며 기뻐했고, 음식을 잘 차려 먹여 보냈다고 한다. 조선 중기의 문인 성현이 지은 『용재총화』에 나오는 이야기다. 조선 시대의 왕들도 평균 수명이 쉰 살을 밑돌았다. 당나라 때 두보의 시에 "일흔 살까지 사는 사람은 드물다"라는 구절이 있는데, 아흔까지 살았으니 자식들이 효자 소리를 귀가 닳도록 들었을 만큼 장수하고 있는 것이었다. 그런데 조카가 100세 인생을 누리시라고 한 축수의 말이 왜 그를 화나게 한 것일까? 이미 아흔 살인 그의 처지에서 보면 '10년만 더 살라는 말'로 들릴 수도 있다. 사람은 아무리 오래 살더라도, 계속 삶을 이어가고 싶은 마음이 간절한 것이다. 만약 아흔다섯 살인 노인에게 "꼭 백 살까지는 사셔야 해요"라고 한다면, 이 또한 수습 못할 실언이 될수도 있다. 허허, 웃을 사람도 있지만 그렇지 않은 사람도 분명 있을 것이다.

중국 전설 속의 인물 중에 팽조라는 이가 있다. 그는 요순시대부터 주나라 초기까지 800여 년을 살았다고 한다. 그에게는 아주 맛있는 꿩탕을 끓일 줄 아는 재주가 있었다. 그가 꿩탕을 만들어 천제에게 바치니, 천제가 기뻐하며 그에게 800년의 수

명을 줬다고 한다. 그는 49명의 아내, 54명의 자식을 먼저 저세상으로 보내며 800년을 넘게 살았다. 하지만 죽을 때는 자신의 단명을 한탄했다고 한다.

노인들이 "이제 죽어야지"라고 입버릇처럼 말한다고 해도, 그것은 결코 진심이 아니다. 사람의 이런 마음을 헤아리지 못하면 실언을 하게 된다. 역지사지, 처지를 서로 바꾸어 생각하라는 말이다. 공감과 배려가 여기에서 나온다. 상대방의 처지를 제대로 헤아리지 못하고 하는 말은 실언이 되기 쉽다. 민대생은 실제로는 아흔여섯 살에 세상을 떠났다. 하지만 아무리 장수했다 해도 그의 자손들 역시, 언젠가는 영원한 이별을 슬퍼했을 것이다. 그 마음을 아는 것이 공감이고 그게 결여된 말은 실언이 된다.

어떤 말을 칭찬하고 비난하는가

2012년 한 누리꾼이 인터넷 게시판에 쓴 이야기가 여러 언론에 보도되는 등 큰 화제가 된 일이 있다. 이야기를 요약하면 이렇다.

글쓴이는 스물한 살이고, 입대하기 전 피자 배달 아르바이트를 하던 평범한 청년이었다. 그는 치즈 크러스트 피자 두 판으로 구성된 2만 2천 원짜리 피자 세트를 주문받아, 주문자가 말한 대로 어느 교회 앞으로 갔다. 거기서 전화를 했더니 좀 떨어진 골목에서 할머니 한 분이 나왔다. 자세히 보니 양팔이 없었다. 그는 할머니에게 사는 곳을 물어보고 할머니를 따라갔다.

"골목을 여러 번 꺾고 나서야 집이 나오더군요. 딱 봐도 그렇게 좋은 집이 아니었고요. 문을 열고 들어서자 할머니의 손자로 보이는 아이들 3명이 뛰어왔습니다. 아이들, 피자 참 좋아하죠. 그 아이들도 좋아서 팔짝 뛰었습니다. 할머니가 아이들에게 주머니에서 지갑을 좀 꺼내달라고 하는 겁니다. 아이들이 지갑을 꺼냈는데 할머니들이 많이 가지고 다니는 동전 지갑, 그런 조그만 지갑이었죠. 그 지갑을 저에게 주는 겁니다. 열어보니 만 원짜리 한 장과 구겨진 천 원짜리 몇 장, 그리고 동전이 들어있더군요. 피자 값은 2만 2천 원인데 말이죠. 할머니는 좋아하는 아이들을 보고 웃으면서 사투리 섞인 말투로 2천 2백 원이라, 하는 겁니다. 전단지에 있는 2만 2천 원을 2천 2백 원으로 본 듯했습니다. 차마 그 자리에서 2만 2천 원이라고 말을 못하겠더군요. 아이들은 이미 상자를 열어서 피자를 먹고 있었고요. 저는 그 할머니 지갑에서 딱 2천 2백 원만 빼고, 지갑을 할머니 주머니에 도로 넣었습니다."

우리는 손자들에게 피자를 사주고 싶은 할머니의 마음과 피자를 기다리던 아이들의 마음을 헤아릴 수 있다. 그러나 아르바이트를 하는 청년이 할머니와 아이들의 마음을 상하게 하지 않으려고, 2천 2백 원만 받아서 돌아가기란 쉽지 않은 일이다. 누군가는 그 차액을 부담해야 할 테니까 말이다. 그는 누가 그 차액을 부담했는지에 대해서는 쓰지 않았다. 아마 그는 자신이 낼 각오를 하고 그렇게 행동했을 것이다. 사람들은 그가 할머니에게 한 말과 행동에 감동했다. 만약 그가 "피자 값은 2만 2천 원이다. 돈을 내라, 돈이 없으면 도로 갖고 가겠다"라고 했다면 우리는 인정 없는 사람이라고 했을지도 모른다.

우리는 어떤 말과 행동을 칭찬하거나 비난하는가? 그 기준은 우리가 '감동적인 배려'라고 부르는 것과 '매정한 처사'라고 부르는 것 사이 어딘가에 있다. 배려는 공감에서 나온다. 공감의 사전적 정의는 "남의 감정, 의견, 주장 따위에 대하여 자기도 그렇다고 느낌. 또는 그렇게 느끼는 기분"이다. 타인과 함께하기 위해 그들의 의견이나 감정을 공유하는 것이 공감이다. 오늘날의 학자들이 공감, 배려를 여러 가지 방식으로 정의하고 있는데, 우리가 대대로 물려받은 사고방식과 금언에 그 핵심이 표현되어 있다.

"나의 마음을 미루어 남의 마음을 헤아려라(역지사지易地思之)."

"내가 하기 싫은 일은 남에게 시키지 말라(기소불욕 물시어인己所不欲勿施於人)."

나와 남은 다르다

사람을 함부로 평가하고 판단해서는 안 된다. 북미 인디언 '수'족은 이렇게 기도했다고 한다.

"위대한 영이시여, 제가 2주 동안 다른 사람의 입장에서 생활 해보기 전에는 결코 그를 비판하지 않게 하옵소서."

우리는 자신을 기준으로 세상을 보는 경향이 있다. 상대도 나와 처지나 생각이 같을 것이라고. 이것이 아차, 하는 순간에 실수를 하게 만든다.

"선생님이 우리에게 아버지의 날에 아버지에게 드릴 카드를 만들라고 했다. 나는 손을 들고 아버지가 없다고(더 정확히 말하면 만나본 적이 없다고) 말했다. 선생님은 할아버지에게 드릴 카드를 만들라고 했다. 나는 할아버지도 없었다. 할아버지와 할머니는 엄마가 두 살 때 이혼했고, 나는 한두 번밖에 만나보지 못했다. 카드를 만들기는 했지만 그날의 일은 내 마음에 상처가 되었다. 나를 사랑하는 가족들과 함께 사는 상냥한 아이였던 나는 아버지가 없다는 상처의 깊이를 경험했다."

이 글은 한 미국 여성이 「허핑턴 포스트」의 '더 블로그'에 쓴 글의 일부다. 배려가 부족하면 사람에게 어떤 상처를 입히는지 보여주는 이야기다. 상대에 대한 배려가 전혀 없이 자기 생각이나 감정에 따라 입에서 나오는 대로 함부로 하는 말을 '막말'이라고 한다.

막말은 폭력이고 심한 경우 형사처벌 대상이 되기도 한다. 2015년 2월 12일 「SBS」가 보도한 사례다.

캐나다인 아빠와 한국인 엄마를 둔 열두 살 B양은 수원의 한 초등학교에 다니고 있는데 2014년 담임 교사로부터 큰 상처가 되는 말을 들었다. B양 어머니는 기자에게 당시 상황을 이렇게 말했다.

"아이들 다 있는 자리에서 '너는 반은 한국인인데, 왜 김치를 못 먹니, 이러면 너의 시어머니가 좋아하겠니?' 그랬다는 거예요."

또 담임 교사는 질문을 해서 수업 흐름을 끊었다는 이유로 반 전체 학생들에게 B양을 향해 '바보'라는 말을 세 차례나 외치도록 한 일도 있다고 한다. 이 때문에 아이는 정신과 상담 치료를 받았다. 담임 교사는 아동학대 혐의로 기소되어 벌금 300만 원을 선고받았다.

1초 뒤에 후회하는 말들

2011년 일본에서 대지진이 일어났다. 쓰나미가 바닷가 도시를 덮쳐 2만 명가량이 죽었다. 그런 와중에 후쿠시마 원자력발전소에서 원자로 안의 핵연료가 녹아내리는 사고가 발생했다. 방사성 물질로 인해 땅과 작물, 공기, 물이 오염되었다. 원전 사고가 난 뒤 많은 이들이 후쿠시마를 방문했다. 외지 사람들이 후쿠시마를 위로차 방문해 후쿠시마산 농산물을 사거나 또는 선물로 받기도 했다고 한다. 그런데 그들이 돌아가는 길에 위치한 고속도로 휴게소에 버려진 농산물이 아주 많았다고 한다.

그 뒤 세월이 꽤 흘렀다. 일본에서는 먹을거리에 대한 방사능 검사가 철저해졌다. 하지만 한국에서는 여전히 일본산 농산물에 대한 부정적인 인식이 강했다. 일본에 살던 어느 한국인이 오랜만에 한국을 방문했다. 그는 지인에게 줄 작은 선물을 준비했다. 일본 공항에서 바움쿠헨(나이테 모양의 케이크)을 샀다. 수입 밀가루로 만든 것이라 방사능 오염을 걱정할 이유가 없다고 생각하며 그걸 선택한 것이었다. 그런데 한국에 와서 지인에게 선물을 내밀며 '바움쿠헨'이라고 하자, 지인이 웃으며 이렇게 물었다.

"이건 방사능 없는 거죠?"

가벼운 농담이었을 것이다. 하지만 그의 머릿속에는 고속도로 휴게소에 버려진 후쿠시마산 농산물의 이미지가 스쳐 지나갔다.

'아, 내가 잘못했구나. 먹을 것을 사오는 게 아닌데.'

그는 그렇게 생각하며 스스로를 책망하고, 지인과 헤어지고 나서도 내내 마음이 불편했다고 했다. 지인이 바움쿠헨을 먹었는지는 알 수 없다. 몰래 버렸을 수도 있다. 지인이 선물을 버렸다고 해도 이해할 수 있었다. 그러나 선물을 준비한 사람의 마음을 조금만 헤아렸다면, 선물을 건네주는 자리에서 '방사능' 이야기를 꺼내 사람을 무안하게 하지는 않았을 것이다. 작은 배려가 부족했던 실언이다.

도덕적으로 완고하거나 취향이 까다로운 사람들은 특히 자신의 가치관이나 행동 양식을 기준으로 타인을 평가하지 않도록 조심해야 한다. 내가 아는 한 대학 교수는 흙 살리기에 관심이 많다. 그래서 비싸더라도 유기농법으로 재배한 채소와 곡식을 먹는다. 직접 텃밭 농사를 짓기도 한다. 어느 날 누군가 그의 집 초인종을 눌렀다. 현관에 나가보니, 얼마 전 이사 온, 옆집의 아주머니였다. 손에 비닐 봉투를 하나 들고 있었다.

"저희 텃밭에서 기른 배추인데, 드셔보시라고 가져왔어요."

그는 "아이고, 고맙습니다"라고 하며 고개를 숙였다. 그러고는 이렇게 질문을 했다.

"이거 농약하고 비료 안 친 거죠?"

옆집 아주머니는 쭈뼛거리다가 대답했다.

"농약은 안 쳤는데 비료는 조금……."

그는 아차, 싶어서 말을 멈췄다. 그러고는 "잘 먹겠습니다"라고 말했다. 하지만 옆집 아주머니는 이미 얼굴에 미안한 웃음기를 띠고 있었다.

사람은 혼자서는 살 수 없다. 사람은 우주 만물과의 관계를 통해 삶을 지속해나간다. 그중에서도 가장 중요한 관계가 다른 사람과 맺는 관계다. 그 관계가 매끄럽게 이어지고, 나아가 의미 있는 것이 될 때 우리는 행복감을 느낀다. 이를 위해 우리는 먼저 자신을, 그리고 우리가 관계를 맺고 있는 타자를 제대로 이해해야 한다.

"공자께서는 상을 당한 사람 곁에서 식사를 하실 때는 배불리 잡숫지 않았다. 공자께서는 곡을 하신 날에는 노래를 부르시지 않았다."

『논어』의 술이 편에 나오는 대목이다. 이것이 배려하는 마음이다.

아픈 곳을 찌르다

롯데그룹 신동빈 회장은 그룹 창업자인 신격호 명예회장의 둘째 아들이다. 1955년 일본 도쿄에서 태어나 자랐다. 어머니는 일본인이다. 일본어를 모국어로 쓰고, 한국어는 나중에 배웠다. 신 회장은 서른 살 무렵에 한국에 건너와 그때부터 한국어를 함께 썼다고 한다. 하지만 재일동포 특유의 한국어 발음은 고쳐지지 않았다.

2015년 롯데그룹 신격호 명예회장의 두 아들 사이에 경영권

분쟁이 일어나면서, 신 회장의 한국어 실력이 대중 앞에 그대로 노출되었다. 그 무렵 어떤 이야기가 나돌았다. 「비즈팩트」라는 인터넷 매체가 보도한 내용은 이렇다.

신 회장이 그룹 연수원을 찾았는데 한 신입사원이 일본어로 "힘내세요"라고 말하자, 신 회장이 굳은 표정으로 "한국말 할 수 있습니다"라고 했다는 것이 이야기의 요지다. 그리고 이 이야기가 소셜 미디어를 통해 확산되고 있다는 것이었다. 롯데그룹이 사실무근이라고 밝혔으니, 실제 있었던 일인지 지어낸 이야기였는지 확인하기는 어렵다. 그런데 이게 실제 있었던 일이라면, 신입사원의 말을 응원하는 말이라고 할 수 있을까? 그보다는 '남의 약점을 찌르는 실언'이라 할 것이다. 말을 들은 사람은 물론이고, 제3자가 보기에도 신 회장이 한국어를 잘 못한다는 것을 희화화한 것으로 보일 수 있다. 일부러 상대의 약점을 찌르는 말이라면 폭언이라 할 수 있을 것이다.

말한 사람이 아무 악의를 갖고 있지 않더라도, 상대가 콤플렉스로 여기는 사실을 사람들 앞에서 거론하는 것만으로 상처를 입히는 수가 있다.

직장인 K씨는 초등학생 시절 소풍 가기 며칠 전의 일을 아직 잊지 못한다. 같은 반 친구들이 모여 누가 소풍날 선생님의 도시락을 챙겨올 것인지를 의논했다. 아무도 먼저 말을 꺼내지 않자 K씨가 나섰다.

"이번에는 내가 챙겨올게."

그러자 한 친구가 말했다.

"너는 엄마가 없잖아."

그것은 사실이었다. K씨는 엄마가 먼저 세상을 떠나 아버지, 할머니와 함께 살고 있었다. 하지만 도시락을 싸주겠다고 할머니가 이미 약속한 터였다. K씨는 입술을 질근질근 깨물고 아무 말도 하지 못했다고 했다.

조현병을 가진 어머니를 둔 어느 딸은 이런 경험을 이야기하며 눈물을 흘렸다.

"어느날 친구 동생이 '누나엄마 정신병자야?'라고 물었어요. 그 한마디에서 비참함과 분노를 느꼈습니다. 실제로 저의 엄마는 조현병을 앓고 있었어요. 그런데 친구 사이에도 '너 미쳤어?'라고는 해도, '너 정신병자냐?'라고는 잘 안 하잖아요. 친구 동생이 저런 질문을 하니 가슴이 턱 막히더군요. 엄마의 장애 사실을 소문낸 사람들에게도 분노가 일었어요."

몸의 상처는 시간이 흐르면 대부분 사라진다. 잘 소독하고 감싸면 잘 아문다. 그러나 마음의 상처가 완전히 낫는 데는 더 오

랜 시간이 걸린다. 완전히 치유되지 못한 마음의 상처는 누군
가 잘못 건드리면 덧나기까지 한다.

분노에 공감하라

실언이 악의에서 비롯하는 것은 아니다. 별생각 없이 한 말인
데, 심지어 선의로 한 말인데도 남에게 상처를 입히기 때문에
실언이다.

한 초등학교의 여학생이 친구들과 길을 가는데 어디선가 갑
자기 날아온 뾰족한 돌이 이마를 맞혔다. 피가 났다. 급히 병원
으로 갔고 자상이 커서 상처를 꿰맸다. 학생들 사이에 이야기
가 좍 퍼지고, 상처를 입은 여학생의 어머니에게 위로 전화가
걸려왔다.

"눈을 다치지 않아서 그나마 다행이에요."

이런 말이 위로가 될까? 오히려 화가 난다는 사람이 적지 않
다. 여학생의 어머니는 아무렇게나 돌을 던진 사람에게 분노하
고 있었다. 제대로 위로하려면 그 분노에 공감해줘야 한다. 아
니면 상처 때문에 학교에 가지 못하게 된 아이를 위해, 도움이

될 일이 무엇인지 물어보는 게 적절하다. 딸이 다쳐 속상한 어머니에게 "더 크게 다치지 않아서 다행"이라는 말은 위로가 되기는커녕, 더욱 서운하게 한다.

젊은 나이에 갑상선 암에 걸린 사람이 있다. 그는 친구에게 전화를 걸어 울먹이면서 암에 걸렸다는 소식을 전했다. 그러자 친구가 이렇게 위로했다.

"그래도 위암이나 자궁암이 아니어서 얼마나 다행이야. 갑상선 암은 암도 아니래. 그러니 힘내."

크게 틀린 말은 아니었지만 서운해서 당분간 그 친구에게 전화를 걸고 싶은 마음이 사라졌다고 한다. 딱히 뭐라 말하기는 어렵지만 그런 것과는 다른 위로와 격려의 말을 듣고 싶었기 때문이었을 것이다. 이럴 때는 "얼마나 놀랐을까? 많이 힘들었겠다.", "너무 무서웠겠다. 내가 너를 위해 할 수 있는 일이 무엇일까?"란 말을 했다면 고마움을 느꼈을 것이다.

한 대학생이 고등학생 시절 이야기를 들려줬다. 그는 운동선수였다.

"전국대회에 출전했어요. 그 바람에 할아버지가 돌아가셨다는 소식을 나중에야 들었습니다. 코치님이 경기가 끝난 다음에야 말해줬지요. 그런데 코치님 말에 화가 났어요."

코치는 "너희 할아버지는 아흔 살 가까이 사셨다니 호상이야"라고 말했다고 한다. 학생은 "할아버지는 발을 헛디뎌 아래로 굴러떨어져서 돌아가시게 된 거거든요"라고 화가 난 이유를 설명했다.

진정성은 사람 사이의 유대 관계에서 매우 중요하다. 겉치레로 하는 말이 반복되면 사람은 상대와 깊은 유대를 맺는 것을 포기한다.

한 동창생의 어설픈 위로에서 오히려 상처를 받았다는 한 학부모의 고백을 들어보자. 그 학부모는 재수한 아들이 이번에도 불합격해서 마음이 심란한 상태였다. 그런데 식당에서 우연히 고교 동창을 만났다. 동창생이 꽤 큰소리로 말했다.

"어머나, 어쩜 좋으니. 소식 들었어. 이번에도 떨어져서 어떡해. 너무 걱정된다. 아들은 괜찮아?"

이 학부모는 아무 말도 하지 못하고 동창생의 얼굴만 물끄러미 바라봤다. 자신을 놀리는 것만 같았고, 속으로 그것을 즐기는 듯이 보였다고 했다. 동창생이 먼저 알은체한 것이 잔인하게 느껴질 정도라고 했다.

우리는 왜 공감하는 데 실패할까?

작은 불이어도 많은 나무를 태우는 것처럼 혀는 온몸을 더럽히고 삶을 힘들게 할 수 있다. 위로해야 할 자리에서 위로는 커녕 질책하거나 놀린다면 상대는 마음에 치명상을 입을 수 있다.

"세월호 희생자 가족들에게 '슬픔에서 벗어나라'라고 이야기하지 마라. '괜찮다'라고도 말하지 마라. 그들은 절대 괜찮지 않다. 괜찮을 수가 없다는 것을 먼저 알아야 한다."

『나는 사랑하는 사람을 잃었습니다』라는 책을 쓴 니콜라스 월터스토프(Nicholas Wolterstorff) 예일대 신학대 명예 교수가 세월호 사고 한 달여 뒤인 2014년 5월 26일 「한겨레」 인터뷰에서 한 말이다. 그는 31년 전 사고로 아들을 잃었다. 그는 자녀가 몇 명이냐는 질문을 받을 때마다(사고로 잃은 아이를 빼고) 네 명이라고 답해야 할지, 다섯 명이라고 답해야 할지 몰라서 고통스러웠다고 했다.

"사람들이 '자식이 네 명이나 더 있지 않느냐'라고 했지만 위로가 아니라 더 큰 고통을 가져다주었습니다."

2016년 5월 28일 서울 지하철 구의역에서 스크린 도어를 수리하던 젊은 청년이 사고로 사망한 일이 있었다. 이에 대해 당시 안철수 국민의당 대표가 트위터에 올린 글이 논란이 되었다.

"가방 속에서 나온 컵라면이 마음을 더 아프게 합니다. 조금만 여유가 있었더라면 덜 위험한 일을 택했을지도 모릅니다."

이 글이 논란이 된 이유는 여유가 없었다는 데서 사고의 원인을 찾는 듯한 표현 때문이었다. 그가 여유가 있어 다른 일을 했더라도 어차피 누군가는 스크린 도어 수리 작업을 해야 했을 것이다. 문제는 안전 조치가 미흡한 가운데 위험한 일을 강행해야 했던 상황이었다. 비판이 나오자 안 대표는 트위터의 글을 고쳐 썼다.

"앞으로도 누군가는 우리를 위해 위험한 일을 해야 합니다. 완전하지는 않더라도 조금이라도 위험을 줄여줘야 합니다. 그것이 우리 모두가 할 일입니다."

하지만 이 글 또한 논란이 일었다. 조금이라도 위험을 줄여줘야 하는 게 아니라, 위험하게 작업하게 해서는 안 되는 것 아니냐는 게 많은 이들의 의견이었다. 중요한 것은 '공감 능력'이다. 우리는 왜 공감하는 데 실패할까? 상대방에 대한 인식의 결핍, 더 직접적으로 말하면 지나친 자기중심적 사고 때문이다.

병이 심해져 병원을 찾은 환자에게 의사가 "몸이 이렇게 되도록 뭐하고 계셨을까"라고 혼잣말을 하는 것이 그 사례다. 의사는 안타까운 마음에 하는 말일 수 있지만, 환자에게는 책망하는 말로 들릴 수 있다. 환자는 돈을 아끼려고 아픈 것을 참았을 수도 있고, 일이 너무 바빠 병원에 가는 것을 미뤘을 수도 있다. 의사가 그런 속사정은 전혀 고려하지 않고, 오로지 자신의 처지에서만 환자를 평가하고 판단한다고 느낄 때, 환자는 의사에게 실망한다.

'표면적 공감'과 '심층 공감'

일본의 작가 구리 료헤이가 1898년 발표한 단편소설 「우동 한 그릇」은 매우 감동적인 이야기다. 이야기는 북해정(北海亭)이라는 우동 가게를 배경으로 한다. 일본에는 섣달그믐날 밤에 해넘이 우동을 먹는 풍습이 있다.

어느 해 섣달그믐날, 밤 10시가 넘어 손님이 뜸해지기 시작한 시각에 새로 손님이 들어왔다. 출입문이 드르륵 하고 열리더니 한 여자가 아이 둘을 데리고 들어왔다. 여섯 살, 열 살 정도로 보이는 사내아이들은 새로 사 입힌 듯한 옷차림이고, 여자는 계절이 지난 체크무늬 반코트를 입고 있었다.

"어서 오세요!"

상냥하게 맞이하는 여주인에게 여자는 머뭇거리며 말했다.

"저, 우동 1인분만 주문해도 괜찮을까요?"

"네, 네. 그럼요. 자, 이쪽에 앉으세요."

주문을 받은 주인은 그들을 슬쩍 바라보며 "네. 우동 1인분"이라고 말하고는 우동 한 덩어리에 반 덩어리를 더 넣어 삶았다. 둥근 우동 한 덩어리가 1인분이다. 손님이 눈치채지 못하게 하려는 주인의 배려로 조금 더 많은 양의 우동이 삶아진다.

주인의 이런 배려는 많은 독자를 감동시켰다. 그런데 북해정 주인 부부의 다음 대화는 더욱 울림이 깊다.

"저, 여보. 서비스로 3인분 주죠."

조용히 귓속말을 하는 여주인에게 주인은 "안 돼. 그러면 오히려 불편할 거야"라고 말하며 우동 한 덩어리 반을 삶았다.

칼 로저스(Carl Rogers)는 미국의 심리학자가 수상할 수 있는 영광스러운 상을 모두 수상한 최초의 인물로 불린다. 그는 다른 사람과 유대감을 형성하고 또 이를 지속하기 위한 실천적인 덕목으로 공감적 이해, 진실성과 일관성, 무조건적인 긍정적

존중을 제시했다. 그는 공감을 "다른 사람의 개인적인 지각 세계 안으로 들어가 그 사람의 경험을 함께 나누는 것"이라면서, 공감을 표면적인 공감과 심층 공감으로 나눴다.

표면적인 공감은 고객 서비스 센터 직원이 불평불만을 털어놓는 고객들에게 "정말 불편하셨겠어요"라고 말하면서 업무 차원에서 응대하는 것처럼 의례적인 공감을 말한다. 그러므로 관계를 의미 있게 변화시키는 데는 별다른 기여를 하지 못하는 공감이다.

심층 공감은 상대가 정말로 말하고 싶고 또 인정받고 싶었던 이야기에 대해서 주파수를 맞추는 것을 말한다. 예를 들어 올림픽 경기에서 은메달을 딴 선수가 있다고 가정해보자. 어떤 말을 해야 할까? 대개의 사람들은 은메달 수상자가 동메달 수상자보다 더 큰 축하를 받아야 한다고 생각하고 축하의 말을 건넨다. 하지만 은메달 수상자는 금메달을 따지 못했다는 것에서 큰 아쉬움을 느낀다. 이는 동메달 수상자가 메달권에 들어 기쁨을 느끼는 것과는 다르다. 은메달 수상자에게는 금메달을 놓친 데 대한 위로가 필요한 것이다. 이처럼 상대방이 가장 크게 기대하고 있는 내용을 제대로 헤아리는 것이 중요하다.

내 의도는 그게 아니었는데

지역 동아리 활동을 하던 한 직장인이 들려준 이야기다. 그가 하는 모임에 술을 잘 마시는 사람이 있다. 어느 날 그는 치킨 가게에서 그 사람을 우연히 만나 동석을 하게 되었다. 술을 마시던 중 그는 그 사람을 칭찬하려고 웃으면서 이렇게 말했다.

"회장님. 말술을 드시는 분이 오늘은 왜 안 드십니까?"

그러자 그 사람이 화를 버럭 냈다. 그러고는 자리를 박차고 일어나 가버렸다. 그는 '말술을 드시는 분'이라고 말한 게 화낼 만한 일이라고는 전혀 생각하지 않았기 때문에 당황할 수밖에 없었다. 단지 술을 잘 마신다. 주량이 세다는 의미로 말했던 것이다. 남자들 사이에서는 그게 칭찬으로 통하는 일이 많다. 그런데 어째서 칭찬을 하려고 한 말이 실언이 되어버렸을까?

"내가 술을 잘 마시고 어영부영한다는 뜻으로 오해했다."

화를 내고 자리를 떠나버렸던 그 사람이 나중에 다른 사람들 앞에서 이렇게 말했다고 한다. 아마도 그 자리는 호기롭게 술마시는 자리가 아니라, 술을 삼가고 진지한 대화를 나누는 자리였을 것이다. 그는 그런 자리에 모인 사람들에게 '말술을 마시는 사람'으로 비치고 싶지 않았던 것이다.

후배 몇몇이 한 선배를 찾아가 어느 모임의 회장을 맡아 달라고 부탁했다. 그러자 선배는 손사례를 치며 거부 의사를 밝혔다. 이때 한 사람이 "아이고, 선배님~ 선배님은 회장 맡는 거 좋아하시잖아요."라고 말했다. 선배는 눈이 두 배로 커지더니 "내가 언제 회장을 좋아했나?"면서 목소리 톤이 높아졌다.

자신의 기준에서는 칭찬이거나 또는 최소한 나쁘지 않은 표현이라도 상대가 좋아하지 않는다면 쓰지 말아야 한다.

아버지와 아들의 대화가 어긋난 사례를 살펴본다. 아들에게 상처를 준 말은 바로 아버지의 말 한마디였다.

"대학 입학식을 마치고 가족들과 식사를 하려는데 아버지가 '넌 운이 좋아서 대학 간 거다'라고 하셨어요. 물론 운도 따랐지만 내가 그동안 무엇을 했고 얼마나 노력했는지 전혀 평가해주시지 않는 게 매우 서운했어요. 다른 사람도 아니고 내 아버지가 그런 말을 해서 더 서러웠는지도 모릅니다."

자신의 노력이 무시당했다는 느낌에 상처를 입었다는 청년. 정말 아버지가 무시해서 한 말일까? 아버지는 아들의 입학을 누구보다 축하하는 마음이었을 테고, 대학생활을 잘하기를 바랄 것이다. 아버지가 "대학생이 된 걸 축하한다. 나도 기분이 참 좋다. 그동안 고생한 보람이 있구나. 운도 따라주었고, 모든

게 감사하다. 대학생활도 더욱 열심히 하면 좋겠다"라고 말했다면 어땠을까.

식자우환

초등학생인 아이에게 "커서 뭐가 되고 싶으냐"라고 물으면 기발한 대답이 많이 나올 것이다. 한 학부모가 아이에게 그렇게 질문했더니 "미국에 가서 김밥을 팔아 돈을 벌 거예요"라고 대답했다고 한다. 이때 대답이 맘에 들지 않는다고 이런저런 이유를 들어, 왜 잘못된 생각인지 설명하면 아이의 기분은 어떨까? 이런 경우 미국에 대한 부모의 지식은 별 의미가 없는 것이라 할 수 있다. 아이는 얼마 지나지 않아, 자기가 커서 되고 싶은 것을 바꿀 가능성이 크다.

달변은 능력이다. 그러나 사람을 감동시키는 것은 뛰어난 언변보다는 진정성이다. 공감이 거기서 나오기 때문이다. 뛰어난 말재주가 오히려 공감을 저해할 때도 있다. 더 큰 문제는 말재주를 부리려다 실패하는 일이다.

어느 고등학교 선후배들의 모임에서 있었던 일이다. 학창시절을 함께 보낸 친구도 있고, 선후배라 해도 오래 모임을 이어와 서로 가족의 일도 잘 아는 편이었다. 그중에 한 사람이 여동생의 일을 이야기했다.

"내 여동생 있지. 나이가 쉰한 살이지만 지금도 아주 예뻐서 30대 같다는 소리를 듣거든. 미인 대회 나가서 상도 받았으니 알지? 그런데 그 동생이 요즘 아파. 말기 암이라네. 병원에서는 석 달이라고 얘기하더군. 다들 건강 잘 챙기시게."

주변에 잠시 침묵이 이어지다가 한 사람이 말을 받았다.

"미인박명이네."

주변이 싸늘해지고 말았다. 머잖아 동생과 영영 이별할 수도 있는 슬픔을 안고 있는 사람 앞에서 할 말은 아니다. 그 말이 결코 위로가 되지 않을 테니까.

부모가 뛰어난 사람인데, 그 자식도 칭찬할 만할 때 이런 표현을 흔히 쓴다.

"장문무약병(將門無弱兵) 호부무견자(虎父無犬子)."

뛰어난 장수 밑에 약한 병사가 없고, 훌륭한 아버지 밑에 못난 자식이 없다는 옛말이다. 제갈량이 관우와 장비의 아들들이 전장에서 용감하게 싸우는 것을 보고 '호부무견자'라며 칭찬을 한데서 유래했다고 한다. 그런데, 이 말을 당사자 앞에서 쓰는 게 좋을지는 의문이다. 말 그대로 직역하면, '아버지가 호랑이인데 자식이 개일 리는 없다'라는 뜻이다. 다소 어색한 표현이다. 그보다는 '과연 그 아버지에 그 아들이다'라고 하는 게 훨씬 좋을 것이다.

식자우환(識字憂患)이란 알기는 알아도 똑바로 잘 알고 있지 못한 지식이 오히려 걱정거리가 되기에 차라리 모르는 편이 나을 때를 말한다.

겸양하려다 폄하가 된 말

"우리 언니는 공부를 아주 잘했어요."

J씨는 언니에게 밀려 부모의 관심을 제대로 받지 못한 학창시절을 돌아볼 때마다, 마음 한구석에 응어리가 맺혀 있음을 느낀다. 부모는 장녀에게는 많은 관심을 쏟았지만 J씨에게는 그렇지 않았다. 언니는 전교에서 1등을 다툴 정도로 공부를 아주 잘했다. 반면 J씨는 공부를 썩 잘하지 못했고, 부모가 성적에 신경을 쓰지도 않았다. 그래서 언니에 견주면 주워온 자식 취급을 받는다는 생각이 들 때마저 있었다.

"그런데 말이에요. 언니가 고3 때 갑자기 이상해진 거예요. 학교에 결석하고 집을 나가더니 학교를 그만두기 직전까지 갔어요."

J씨는 말을 이어갔다.

"결국 별 볼 일 없는 학교에 들어갔죠."

J씨가 말한 별 볼 일 없는 학교는 서울의 한 사립대학이었다. 명문대학으로 손에 꼽히지는 않아도 꽤 좋은 대학이라는 평판을 얻고 있는 학교였다. 그런데 만약 J씨의 말을 듣고 있던 사람이 마침 그 대학을 나온 사람이라면 어땠을까? 혹은 그 대학에 가고 싶었지만, 성적 때문에 가지 못한 사람이라면 어땠을까? J씨는 상대에게 '별 볼 일 없는 대학을 나온 사람', '별 볼 일 없는 대학조차 못 간 사람'이라고 말한 셈이 된다. 이런 식의 실언은 '겸양'하려다 튀어나오는 경우가 많다.

"저는 공부를 잘 못해서 ○○대학밖에 못 나왔습니다."

많은 사람이 모인 자리에서 이런 자기고백을 하는 걸 들은 적이 있다. '공부를 잘 못했다'라는 것을 이야기하는 건 괜찮지만, 그 자리에 그 대학을 나온 사람이 있을 수도 있으니 조심해야 한다. 자신에 대한 겸양에 그쳐야지, 같은 처지에 있는 사람에 대한 비하가 되면 곤란하다.

한 대기업 임원인 K씨는 ○○대학 출신이다. 명문대학이란 평판은 없지만, 특성 있는 학교다. 그는 사석이나 공적인 자리에서도 종종 학교 이야기를 꺼냈다.

"저는 별로 좋지도 않은 ○○대학 출신이지만……."

이 말이 나올 때마다 그 대학 출신 직원들은 고개를 숙였다.

어떤 사람이 회사에 입사해 입사 동기들과 함께 회식을 하면서 건배사를 할 차례가 되자 이렇게 외쳤다고 한다.

"회사는 삼류지만 일류 사원이 되자!"

사람들이 따라하지 못하고 머뭇거렸다고 한다. 겸양의 표현이 아니라, 폄하나 비아냥인 경우에는 그 실언으로 인해 받는 상처도 클 것이다. 그만큼 비난의 강도도 커지게 된다.

제19대 대통령 선거에서 민주당의 대통령 후보 경선에 나선 이재명 성남시장은 ○○대학에서 받은 석사 학위 논문이 표절 논란에 휩싸였다. 한 지방 강연에서 이를 해명하는 발언을 했는데 그게 큰 논란을 불렀다. 이 시장의 발언은 이랬다.

"객관식 시험을 적당히 치르면 석사 학위를 주는 곳인데 공부 결과를 정리하기 위해 굳이 논문을 썼다. 이름도 잘 모르는 대학의 석사 학위가 필요해서 한 공부도 아니어서 논란이 되자 곧바로 학위를 반납했다."

문제는 '이름도 잘 모르는 대학'이라는 표현이었다. 이 대학을 폄하한 것 아니냐는 지적이 나왔다. 이 시장은 결국 페이스북을 통해 이렇게 사과했다.

"이유를 막론하고 제가 발언에 신중하지 못했던 것은 분명하며, 저의 이야기로 인해 상처를 받았을 ○○대 재학생과 졸업생 여러분, 그리고 교직원 여러분들께 미안하게 생각하고 진심으로 사과드립니다."

겸양하려다가 폄하가 되어버리는 실언 사례는 아주 많다.

"저희 집이요? 45평짜리 손바닥만 한 거예요."

"그 친구 월급 아직 500만 원도 안 돼요. 그래 가지고 어디 애 우유나 제대로 먹이겠어요?"

이런 말들은 듣는 사람의 처지에 따라서는 상처가 될 수 있다.

섣부른 판단 1

한 친구가 지하철을 탔다가 당한 일 때문에 다시는 지하철을 타고 싶지 않다고 푸념했다. 이야기를 들어보니 이랬다. 평소에는 회사에 출퇴근하느라 제대로 차려입곤 하는데, 그날은 주

말이라 가벼운 원피스 차림으로 장바구니를 들고 지하철을 탔다. 서너 정거장만 가면 내리기에 굳이 자리를 차지하지 않으려고 출입문 근처에 가서 섰다. 그런데 그 옆에 앉아 있던, 고등학생으로 보이는 남자가 일어나더니, "이쪽에 앉으세요"라고 권했다. "아니에요, 괜찮아요. 곧 내려요"라고 말하자 남자는 쭈뼛거렸다. 왜 그러는 것일까 생각하다가 남자가 자신을 임신부로 여긴 것 같다는 생각에 이르렀다. 그럴 수도 있었다. 약간 통통한 편이었기 때문이다. 몇 달 사이 체중이 적잖이 불어난 게 사실이었다.

나도 큰 실수를 저지른 적이 있었다. 가끔 들르는 백화점에서였다. 점원의 아랫배가 꽤 볼록해보였다. 그래서 축하하고 싶은 마음에 경쾌한 목소리로 이렇게 말해버렸다.

"출산은 언제예요?"

그러자 점원에게서 이런 대답이 돌아왔다.

"아니에요, 고객님. 요즘 살이 많이 쪄서 걱정이에요."

나는 "어머나, 미안해요. 큰 실수를 했네요!"라고 사과했지만 이미 엎질러진 물이었다. 점원은 웃으면서 말했지만 속으론 얼마나 속상했을까. 섣부른 추측은 위험하다.

이 사례도 잘 생각해볼 가치가 있다. 한 백화점에서 일하는 여성의 이야기다.

"저희 매장에 50대쯤 되어보이는 여자 분과 30대 중반쯤 되어보이는 젊은 여자 분이 같이 오셨습니다. 제가 인사를 건넸습니다. '따님과 같이 오셨군요'라고 말을 하자 젊은 여자 분이 막 웃으셨습니다. 저는 어리둥절했습니다. 그러자 다른 여자 분이 한마디 했습니다.

'엄마처럼 보여요? 내가 그렇게 늙어보이나 보네?'

두 분은 친자매 지간이었습니다. 큰언니와 막냇동생이다 보니 나이 차이가 많았고 저는 모녀지간으로 오해했습니다. 친근한 태도를 보이려고 하다가 한 사람에게 상처를 주게 된 거죠."

섣부른 판단 2

"(빵이 없으면) 케이크를 먹으면 될 것 아닌가?"

프랑스의 왕 루이 16세의 왕비 마리 앙투아네트(Marie Antoinette)가 이런 말을 했다고 한다. 그런 말을 한 적이 없다는 설도 있고, 다른 말이 와전되었다는 설도 있다. 그러나 아무리 지어낸 이야기라고 해도, 역사적 사실인지 아닌지는 그다지 중요하지 않게 되었다. 사람들은 실제 있었던 일처럼 받아들이고 활용한다. 앙투아네트는 당시 굶주린 백성들이 먹을 빵이 없다고 하자 그럼 케이크를 먹으라고 했다는 것인데, 부패한 지배자의 망언을 대표한다. 백성이 어떻게 살고 있는지를 제대로 알지 못하니 엉뚱한 이야기를 하고, 그것이 화난 백성의 마음에 불을 질렀다는 이야기다.

프랑스 혁명 뒤 앙투아네트는 국고를 낭비한 죄, 반혁명죄 등으로 처형당했으니 처형을 정당화하기 위해 만들어낸 이야기일 수도 있다.

상대방의 처지를 전혀 모른 채, 자신의 기준으로 사태를 판단하여 하는 말이 상대의 마음을 아프게 하는 일이 있다. 다음 이야기는 말을 얼마나 신중하게 해야 하는지를 돌아보게 한다.

교회에 다니는 한 여고생이 있었다. 일요일 예배를 빼먹지는 않았지만 늘 30분씩 늦게 도착했다. 참다못한 교회 교사가 학생을 불러 훈계조로 말했다.

"그렇게 매주 늦을 거면 교회 다니는 걸 다시 생각해보렴."

학생은 무척 당황스러웠고 마음이 아팠다. 학생은 당시 교회에서 버스로 한 시간가량 걸리는 곳에 살고 있었다. 학생의 부모는 딸이 교회에 가는 것을 달가워하지 않았다. 일요일에 교회를 가도록 허락하는 조건으로 빨래며 설거지 등 집안일을 다 하게 했다. 학생은 집안일을 마치고 교회에 가면 아무리 서둘러도 그보다 더 이르게 도착할 수가 없었다. 학생은 교회 교사에게 훈계의 말을 듣고 마음이 아팠지만 그 자리에서 설명을 하지 못했다. 나중에 사실을 알게 된 교사가 여러 사람들 앞에서 진심으로 사과를 했다. 우리는 다른 사람들을 자신의 기준으로 판단하는 경향이 있다. 그러다 보면 오판을 하고 만다.

외모 평가는 폭력이다

우리나라 사람들은 외모에 대한 평가에 매우 민감하다고 한다. 특히 젊은 여성들이 더 그런 것 같다. 남성보다는 여성의 외모를 평가하는 일이 더 흔하기 때문이다. 상대적으로 외모에 덜 민감한 남자들은 이를 잘 이해하지 못하는 듯하다.

오늘날 동서양을 막론하고 날씬한 몸매를 선호하는 경향이 매우 강하다. 모델들은 바짝 마른 몸매를 유지하고 있다. 연예인들은 체중을 숨긴다. 뚱뚱한 사람을 자기 관리를 잘 못하는 게으르고 의지 없는 사람으로 여기는 풍조도 있다. 그러다 보니 다이어트 산업이 번성하고, 체중이 불어나는 것을 두려워하다 거식증에 걸리는 사람들도 있다. 한 여대생의 회고다.

"고2 때 옆 반 아이들이랑 큰소리로 싸웠어요. 내 설명은 듣지 않고 거친 욕을 마구 해대는 거예요. 그래서 화가 많이 났어요. 욕으로 맞서지 않고, 그냥 '돼지야' 그랬어요. 그런데 그중 한 명이 조금 뚱뚱한 아이였어요. 자기에게 한 말이라 생각해서 상처를 크게 받았대요. 그 이야기를 전해 듣고 찾아가서 사과를 했는데, 오랫동안 미안한 마음이 가시지 않았어요. 지금도 기억하는 걸 보면 그때 깨달은 바가 커요."

외모로 별명 짓기를 좋아하는 사람들이 있다. 당사자가 싫어하는 별명이라면 이는 언어폭력이 된다.

"저는 송곳니가 뻐드렁니인데요. 한 친구가 가끔 저를 '야, 드라큘라'라고 불러요. 그러면 사람들이 저를 쳐다보는 것 같았어요. 너무 창피한데 그 친구는 사람들에게 그렇게 불쾌한 별명을 붙이는 게 취미예요."

"저는 피부가 까만 편이에요. 그런데 초등학교 6학년 졸업식때 선생님이 생활기록부에 '깜생'이라고 적어놓으신 걸 알았어요. 제가 까맣다는 것은 알고 있지만 다른 사람에게 들은 건 처음이었어요. 그것도 선생님에게 들었으니 조금 수치스러운 감정이 올라왔어요. 저는 이후로 내 까만 피부를 숨기고 싶었고 외출하면 햇빛에 노출되어 더 까맣게 될까 봐 늘 신경쓰고 살았어요. 지금 생각하니 좀 억울해요."

핀란드에 이민을 갔다가 성인이 되어 한국에 온 어느 여대생은 귀국 초기에 사람들의 반응에 매우 놀랐다고 말했다.

"외모 이야기를 많이 해서 놀랐어요. 얼굴이 크다, 살 좀 빼야겠다, 눈은 예쁜데 코가 낮다. 이런 말을 들었을 때 정말 불쾌했습니다. 심지어 '화장품 바꿨어? 얼굴이 칙칙해보여' 같은 말까지 들었어요. 핀란드에서는 외모 이야기를 하는 것은 무례한 것이라고 배웠거든요."

남의 외모에 대해 너무 쉽게 말하는 우리 사회의 풍조에 대해 진지하게 속을 털어놓고 토론할 필요가 있다. 외모 평가는 개인의 자존감과 심리적 안녕에 부정적인 영향을 줄 수 있다. 외모에 대한 비판이나 평가는 자신감을 떨어뜨리고, 우울감이나 불안감의 원인이 되므로 적절하지 않다.

사생활을 함부로 묻다

"몇 살이에요?"

"결혼은 하셨어요?"

"사귀는 사람은 있어요?"

과거에는 사람들에게 쉽게 하던 이런 질문을 이제는 많은 이들이 삼간다. 사생활을 함부로 묻는 건 예의가 아니라는 인식이 널리 퍼진 덕분일 것이다.

인터넷에 '꼰대 테스트'라는 것이 있다. 제일 첫 번째 항목이 "사람을 만나면 나이부터 확인하고, 나이가 나보다 어리면 반말을 한다"이다. 나이를 묻는 심리의 밑바탕에는 나이로 서열을 정하려는 심리가 자리 잡고 있다. 꼰대 테스트는 그것이 시대착오적이라고 지적하고 있다. 꼰대 테스트 항목에는 이런 것도 있다. "연애사, 자녀 계획 등 사생활도 인생 선배로서 내가 답을 제시해줄 수 있다"이다. 이런 생각을 하는 사람을 꼰대라 하는 것은, 조언은 바라지 않으니 사생활 간섭을 하지 말라는 뜻일 것이다. 사람은 누구나 자신의 사생활을 보호받아야 한다. 민감한 질문은 상대에게 불편한 감정을 갖게 하거나 상처를 입힐 수 있다. 그러므로 상대를 존중하고 배려한다면 사생활에 대한 질문을 가급적 하지 말아야 한다. 사생활에 대해 어느 정도까지 질문할 수 있느냐는 친밀도에 달려 있다. 친밀할수록 사생활에 대한 정보를 나눌 수 있는 폭이 커진다.

간섭받고 싶지 않은 사생활의 영역은 사람에 따라 다르다. 한 대중음악 평론가는 음악인들 사이에는 서로 물어서는 안 되는 불문율이 있다고 했다. "생활은 어떻게 하세요?" 즉 '생계는 어떻게 꾸려가세요'라는 질문이다. 음악만으로는 먹고살기 어렵기 때문에 대부분 돈을 벌 수 있는 다른 일을 한다고 했다.

회사 간부인 한 친구는 초등학교 동창인 이성을 오랜만에 동창회에서 만났는데, 이런 질문을 받고 황당했다고 털어놓았다.

"너는 연봉이 얼마야?"

그날 이후 연락을 끊고 다시는 만나지 않는다고 했다.

왜 감추고 싶은 비밀을 공개하는가

대부분의 사람에게는 감추고 싶은 것이 있다. 인간은 그 비밀을 유지할 수 있어야 비로소 존엄성도 지킬 수 있다. 오늘날의 윤리와 법은 사생활의 비밀을 침해받지 않는 것을 권리로 인정한다. 프라이버시권이라고 한다. 비밀을 털어놓을지 말지는 오로지 본인이 결정해야 한다는 것이다. 미국의 판사 토머스 쿨리(Thomas Cooley)는 이를 '혼자 있을 권리(right to be alone)'라고 정의했다.

"당신은 사랑하는 사람의 인생을 바꿀 비밀이 있다면 지켜주시겠습니까?"

영화 「더 리더 : 책 읽어주는 남자」는 이런 질문을 던졌다. 영화의 줄거리는 이렇다. 10대 소년 미하엘은 우연히 30대 여인 한나를 만나 사랑에 빠진다. 한나는 미하엘에게 사랑을 나누기 전에 의식을 치르듯 먼저 책을 읽어달라고 했다. 한나는 미하엘의 삶에 큰 영향을 끼쳤다. 소심한 미하엘을 활달하게 만들고, 삶에 자신감을 심어주었다. 한나는 어느 날 홀연히 자취를 감춘다. 법대생이 된 미하엘은 8년 뒤 '홀로코스트(나치의 유대인 학살)'의 피의자로 법정에 선 한나를 만나게 된다. 한나의 동료들은 학살의 책임을 한나에게 모두 뒤집어씌웠다. 한나는 총책임자가 아니었다. 자신이 '문맹'임을 증명하기만 하면 중벌을 면할 수 있었다. 하지만 그렇게 하지 않고 무기 징역을 택한다. 한나가 미하엘에게 책을 읽어달라고 했던 이유는 글을 모르기 때문이었다. 한나는 그걸 털어놓는 것이 무기 징역을 받는 것보다 더 수치스러웠던 것이다.

감추고 싶어 하는 비밀은 감춰줘야 한다. 장난삼아 "너, 그러면 불어버릴 거야"라고 농담으로 하는 말조차도 당사자에게는 큰 상처가 된다.

말투와 뉘앙스

커뮤니케이션에서는 말의 내용만이 아니라 말투도 중요하다. 또 몸짓, 표정 등 비언어적인 표현도 결합되어 의미를 전한다.

"나는 그런 말 하지 않았어."

"말은 안 했지만 그런 말투였다고요!"

이런 말싸움이 오가는 상황이라면, 말한 사람에게 잘못이 있다고 봐야 한다. 우리는 스스로의 말투가 어떤지 생각해볼 필요가 있다. 긍정적인, 배려하는, 상대를 걱정하는, 확신하는, 느긋한, 지지하는, 상냥한, 차분한, 사랑스러운, 객관적인 말투를 써야 상대에게 상처를 입히는 것을 피할 수 있다. 부정적인, 비꼬는, 비난하는, 불쾌한 감정이 섞인, 고압적인, 딱딱한, 윽박지르는 말투를 쓴다면 실언으로 연결될 가능성이 커진다. 아무리 돌려 말해도 사람은 부정적인 뉘앙스를 알아채기 마련이다. 돌려 말하려고 애쓰는 것보다는 차라리 침묵하는 것이 낫다.

고등학교 동창인 대학생 두 명이 주말에 교외로 나가기로 했다. 역에서 만나기로 했고 한 친구가 약속한 시간에 먼저 도착했다. 그런데 아무리 기다려도 친구가 오지 않았다. 휴대폰으로 연락을 해봤지만 전원이 꺼져 있었다. 무슨 일이 생긴 건지 걱정이 되었다. 약속한 시간에서 30분이 지나서야 친구가 나타났다.

"야, 정말 미안하다. 내가 버스를 놓쳐버렸지 뭐냐. 깜빡하고 휴대폰도 집에 두고 와버렸다."

친구가 사과했다. 그런데 기다리고 있던 친구는 이렇게 대꾸했다.

"괜찮아. 너 원래 약속 잘 안 지키잖아."

두 사람 사이에 싸늘한 침묵이 흘렀다. '너 원래 ~하잖아'라는 표현은 상대방에 대한 극도의 실망감을 드러내는 표현이다. 더는 기대하지 않는다는 뜻을 담고 있다. 아무리 약속에 늦은 미안함이 있다고 해도, 감내하기가 쉽지 않다. 정말로 인연을 끊자는 생각이 아니라면 피해야 하는 말이다. 애타는 마음으로 기다렸기에 얼마나 속상했을지 이해할 수 있다. 그럼에도 상대를 부정적으로 규정하는 말은 위험하다. 이럴 때는 "내 마음이 조급해지고 걱정했어. 늦게 오는 상황을 설명해줄 수 있어?"라며 상대를 이해하려는 태도를 보이고, 또한 약속을 소중히 여기는 마음을 공유하면 좋겠다.

격려는 따뜻한 심장을 나누는 것

핀잔은 상대의 행동이나 태도에 대해 불만이나 어긋난 점을 암시적으로 알리는 말이다. 핀잔은 가벼운 질책이요, 목표는 상대가 고칠 수 있도록 도와주는 것이다. 누군가를 핀잔할 때는 금도를 지녀야 한다.

어느 80대 할아버지가 들려준 이야기다.

"제 칠순 때 마을에서 친지들과 식사하는 자리를 마련했습니다. 제가 돈쓰기를 좋아하는 한 친지에게 '당신 돈자랑 좀 하지 마!'라며 상당히 듣기 싫은 말을 했지요. 결국 그 친지가 자리를 박차고 나가는 바람에 잔치 분위기는 엉망이 돼버렸습니다. 내가 초대해놓고 내가 망쳤으니 내 혀가 원망스러웠습니다."

핀잔의 말이 지나쳤던 사례다.

다음 이야기는 어느 대학생이 들려준 것이다.

"제 친구 중에 평소에 소극적이고 소심한 친구 한 명이 있습니다. 그 친구와 자주 가는 편의점이 있는데, 그 친구가 아르바이트를 하는 여자 분에게 관심이 있었어요. 그래서 연락처를 물어보고 싶다는 말을 했어요."

친구는 응원해주기를 바랐을 것이다. 그러나 그렇게 하지 못했다.

"그런 말을 할 때마다 저는 '너같이 소심한 애한테는 여자 분이 절대로 연락처를 알려 주지 않을 걸'이라고 단언했지요."

편의점에 함께 갔는데 여자에게 말을 걸려던 친구의 옷자락을 붙잡으면서 만류했다고 한다. 그날 이후 친구는 한동안 연락을 끊었다. 그것이 의지를 꺾고, 기분을 나쁘게 했다고 나중에 털어놓았다.

비슷한 이야기가 있다.

최근에 마음에 드는 친구와 친해지고 싶어서 어떻게 해야 할지 친한 친구에게 물었다. 좋은 조언을 해줄 거라는 기대와 달리, 친구는 그에게 "너 말대로 잘생기고 멋진 애가 예쁘고 잘난 애를 만나지 왜 너를 만나겠냐. 돈이 많든가 예쁘든가 해야 하

128

는데 너는……" 이라고 말해버렸다.

"내 인생에서 자존감은 1순위고 지금까지 쌓아오는 데 3년이 걸렸어요. 하지만 내 친구는 단 30초 만에 모든 걸 무너뜨렸죠. 이 일로 나는 자존감을 깎아내리는 사람은 곁에 두면 안 되겠다고 생각했고, 나 또한 그런 사람이 절대 되지 않겠다고 다짐했어요."

친구에게 필요한 것은 격려였는데 거꾸로 행동한 꼴이었다. 격려(encouragement)라는 말은 심장을 뜻하는 라틴어 'cor'에서 유래했다고 한다. 즉, 격려는 자신의 따뜻한 심장을 나누어 식어버린 다른 사람의 심장을 따뜻하게 하는 것이다.

존 맥스웰(John Maxwell)은 『인재 경영의 법칙』이라는 책에서 "인간의 마음은 워낙 섬세하고 예민해서 겉으로 드러나게 격려해주어야 지쳐서 비틀거리는 것을 막을 수 있다"라고 했다. 격려는 주저앉았던 사람, 고통과 삶의 무게감으로 힘들어하는 사람을 일어서게 하고 놓아버렸던 희망을 다시 붙잡게 한다.

핀잔이 심하면 저주에 가깝다.

"언제까지 그렇게 잘사나 두고 볼 거야."

"인생 그렇게 살면 네 결혼식에 갈 사람 하나도 없어."

"그럼 그렇지. 너는 항상 그런 식이잖아."

이런 말들은 얼마나 심장을 차갑게 만드는가. 핀잔은 상황과
사람에 따라 다르게 해석될 수 있고, 상대방에게 불편감이나
어긋난 감정을 줄 수 있다.

공감을 방해하는
이기적 편향

무지와 편견을 드러내는 말

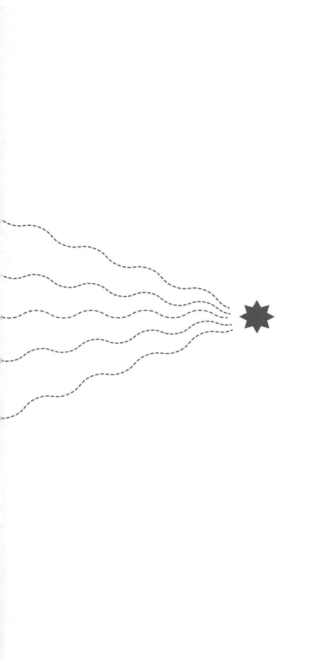

자신의 무지가 드러났을 때

자신의 무지를 드러내는 것은 상대에게 아픔을 주지는 않지만 자신에 대한 평판을 떨어뜨린다.

2016년 5월 걸그룹 AOA의 설현과 지민이 방송에 출연했다. 두 사람은 방송에서 위인들의 사진을 보고 이름을 맞히는 문제를 풀어야 했는데, 안중근 의사를 알아보지 못했다. 시간이 지나도 맞히지 못하자 제작진이 '이토 히로부미'라는 힌트를 줬다. 그러자 지민이 망설이다가 김두한이냐고 되물었다. 일부 시청자들은 어려서부터 연습생 생활을 하며 국사 공부를 제대로 하지 못한 것에 대해 안타까워했다. 그러나 상당수의 시청자들은 안중근 의사조차 알아보지 못한다며 거세게 비판했다. 두 사람은 매우 진지하게 공개 사과를 했지만 파장은 오래갔다.

설현이 안중근 의사를 알아보지 못한 것은 그가 역사적인 인물에 대한 지식이 부족해서일 수도 있고, 당시 방송 중이라 긴장해서 그랬을 수도 있다. 무지는 개인의 지식과 경험의 한계로 나타나는 현상이다. 우리는 누구나 관심이 적은 분야에서는 지식이 부족할 수 있다. 이럴 때에 자신의 무지를 인정하고 배우려는 태도를 보인다면 오히려 긍정적으로 받아들여질 것이다.

유명인사들이 방송에 나와 우리나라를 자꾸 '저희 나라'라고 하면, 우리말이 서툴다는 지적을 받을 수밖에 없다. 말을 할 때보다 문자 메시지로 남길 때는 더욱 신중해야 한다. '문외한'을 '무뇌한'이라고 쓰거나, '건투를 빈다'를 '권투를 빈다'라고 쓰면 호감도가 급격히 떨어질 수도 있다.

농담이 과하면 농담이 아니다

부적절한 농담은 사람의 평판을 떨어뜨린다. 한 학생의 경험담이다.

"동기와 함께 밴드 동아리에 가입했다. 나는 음악을 좋아해서 빠지지 않고 잘 참석했다. 그런데 친구는 결석하는 일이 잦았다. 그에게는 무슨 사정이 있었을 텐데, 내가 보기에는 무단결석으로 보였다. 어느 날 동아리 친구들에게, '어휴, 그냥 제명해버려'라고 말하고 말았다. 그들 모두와 다 친해서 농담 삼아 한 말이었다. 그런데 분위기는 얼음처럼 변했다. 후회가 밀려왔다."

다들 금기시하는 말이 있다. 이유가 있어서 쓰지 않는 것이다. 그런데 그 말을 제어하지 못한다면 주변의 반응이 싸늘할 것이다.

2011년 9월 2일 하치로 요시오 일본 중의원 의원이 경제산업상에 취임했다. 7선 의원으로 처음 장관이 되었다. 그는 9월 8일 동일본 대지진 쓰나미에 휘말려 사고가 난 후쿠시마 원자력 발전소 주변을 돌아본 소감을 기자 회견에서 이야기하면서 이렇게 말했다.

"유감스럽게도 주변의 시가지에는 사람 한 명 보이지 않았다. 마치 죽음의 거리 같았다."

원전 사고로 방사능에 오염된 지역이지만, '죽음의 거리' 같은 표현은 다들 입에 담아서는 안 된다고 생각하고 있었다. 피해자들의 마음에 상처를 줄 수 있다고 봤기 때문이었다. 이 발언으로 비판을 사자 그는 사과했다. 그는 또 다른 발언으로 파문에 휘말려, 결국 장관직에서 물러났다. 적절하지 않은 몇 마디 말 때문에 스스로 무너진 것이다. 부적절한 농담이나 어휘 사용은 전문성에 대한 신뢰를 약화시키고 심하면 무너뜨린다.

백인 소녀의 흑인 인형

2017년 4월 1일 미국 사우스캘리포니아에 살고 있는 브랜디 베너(Brandi Benner)가 두 살짜리 딸 소피아에게 인형을 사주려고 마트를 찾았다. 한 달간의 배변 훈련을 무사히 마쳐 축하하는 선물을 사주기 위해서였다. 소피아는 20분 동안 인형들을 살펴본 뒤 하나를 골랐다. 의사 가운을 입은 흑인 인형이었다. 소피아의 엄마는 인형을 든 소피아를 데리고 계산대로 갔다.

그러자 계산원이 눈을 동그랗게 뜨고 말했다.

"정말 이 인형을 사고 싶니? 이 인형은 너랑 닮지 않았거든."

점원은 백인 소녀인 소피아에게 이렇게 덧붙였다.

"너와 닮은 인형은 얼마든지 있단다."

「CNN」이 보도했던 내용이다. 점원이 실언을 한 것일까? 아마도 일부 미국 백인들은 뭐가 문제냐고 말할지도 모른다. 그러나 상당수의 미국인들은 점원의 말을 '실언'이라고 평가할 것이다. 내심으로야 어쨌든 인종차별적인 말을 입 밖으로 꺼내는 것은 옳지 않다는 사회적 합의가 있는 까닭이다. 소피아의 어머니 브랜디는 점원의 말을 듣고 깜짝 놀랐다.

'어떻게 저런 인종차별적인 말을 아이에게 할 수 있지?'

브랜디는 당황해서 점원에게 항의하려 했다. 그 순간 소피아가 이렇게 말했다.

"이 인형은 저랑 닮았어요! 이 인형처럼 저도 의사예요. 저도 예쁘고 이 인형도 예쁘거든요. 머리 스타일이랑 청진기가 너무 멋있지 않나요?"

소피아의 마음속에는 인종 개념이 없었다. 흑인에 대한 편견도, 차별의 마음도 없었다. 「CNN」은 "인종 차별에 물든 어른을 부끄럽게 만든 두 살 아이의 반응이 화제"라고 전했다. 브랜디는 "우리는 모두 소피아와 같은 생각을 가지고 태어나요. 피부, 머리, 눈의 색깔은 전혀 문제가 되지 않습니다"라고 말했다. 그러나 모두가 그렇게 생각하고 행동하는 것은 아니다.

인기 걸그룹 멤버가 2009년 1월 라디오 디제이를 할 때, 어느 가수를 소개하면서 "흑인치곤 정말 예쁘죠?"라고 말해 논란을 빚은 적이 있었다. 다른 걸그룹 멤버는 자기 여권 사진이 잘 안 나와 남에게 보여주기 부끄럽다며 '베트남 소녀'처럼 나왔다고 한 적이 있었다. 흑인과 베트남 사람을 비하했던 것이다. 한때는 이런 표현도 그저 '짓궂은 농담'처럼 치부되던 시기가 있었다. 그러나 국제화가 진척되고 인권 의식이 신장되면서 경솔한 말로 비판받게 되었다.

인간의 뇌는 편견을 만든다

2017년 3월 10일 로버트 켈리(Robert Kelly) 부산대학교 교수가 집에서 영국 「BBC」와 영상 전화 스카이프를 통해 인터뷰를 했다. 이날 헌법재판소가 박근혜 대통령의 탄핵 심판을 인용하자, 한국의 분위기를 전하는 중이었다. 그런데 인터뷰가 시작

되자마자 노란색 스웨터를 입은 네 살짜리 딸 매리언이 춤을 추면서 방으로 들어오는 모습이 화면에 잡혔다. 유아차를 탄 생후 8개월짜리 아들 제임스도 그 뒤를 따라 방에 들어왔다. 뒤늦게 이를 안 부인 김정아 씨가 황급히 방으로 들어와 아이들을 데려갔다. 이미 전 세계에 켈리 교수 가족의 모습이 다 공개된 뒤였다.

로버트 켈리 교수 부부는 인터뷰를 망쳐서 다시는 인터뷰 요청이 들어오지 않을 것이라고 걱정했다. 켈리 교수는 「BBC」에 사과 이메일을 보냈다. 그런데 「BBC」는 오히려 동영상을 페이스북에 공개할 수 있게 해달라고 요청했다. 켈리 교수는 처음에는 반대했지만 받아들였다. 켈리 교수 가족은 순식간에 유튜브 스타가 되었다.

정작 논란거리는 그 뒤에 생겼다. 많은 사람들이 두 아이의 모습을 귀여워했다. 그런데 급히 방으로 들어와 아이들을 데리고 나간 아내 김정아 씨를 두고, 일부 외신이 "보모가 겁에 질렸다"라고 설명했다. 서양인의 집에 있는 동양인 여성은 아내가 아니라 보모나 파출부일 것이라는 선입견이 반영되어 있었던 것이다. 나중에 가족과 함께 언론 인터뷰에 응한 김정아 씨는 인종차별 논란에 대해, 그런 시선들을 많이 받아 이미 익숙

해진 상태라고 했다. 그리고 "다문화 가정이 많아졌으니 인식이 바뀔 것으로 생각한다. 이번에도 인식이 바뀌는 계기가 될 것으로 생각한다"라고 말했다. 누군가 나쁜 선입견을 갖고 대할 때 우리는 마음에 상처를 입는다.

인간의 뇌는 수많은 정보를 처리해야 하므로 중요하지 않은 정보는 버리고 비슷한 정보는 하나로 묶어 분류한다. 쉽게 판단하기 위해서 편견을 만드는 것이다. 그것이 실언으로 이어진다. 편견은 종종 무지와 오해에서 비롯된다. 편견을 극복하려면 애써 노력해야 한다.

인권감수성은 점점 중요해진다

2018년 6월 코미디언 엄용수 씨는 KBS 1TV '아침마당'에서 한 말로 곤욕을 치뤘다. 그의 말이다.

"저는 꼭 현찰을 고집하고 미리 달라고 하고 그러지 않아요. 물건으로 받아요. 홍천의 옥수수 축제에 가면 옥수수로 받아요. 그 사람들 나 300만 원, 500만 원 출연료 주겠다고, 옥수수 팔러 서울 갔다가 교통사고 나면 어떡해. 옥수수 길바닥에 엎어지면 어떡해. 그래서 난 고추 축제하면 (출연료로) 고추 받고, 딸기 축제하면 딸기 받고, 또 굴비 아가씨 축제하면 아가씨로 받고."

'아가씨로 받고'라는 말이 성희롱성 발언이란 비난이 일었다. 그러자 그는 자신이 장애인이기 때문에 성희롱을 할 수 없다는 말도 했다. 이에 장애인 단체들은 '장애인과 여성에 대한 혐오를 일으키는 차별 발언'이라며 '모욕감을 주거나 비하를 유발하는 언어적 표현이나 행동에 대한 금지' 규정을 위반한 것이라고 사과를 촉구했다.

인권감수성은 오늘날 공직자나 사회적으로 영향력이 있는 사람에게는 매우 중요한 덕목이다. 도덕심리학자 제이 레스트 (Jay Rest)는 한 사람이 인권을 옹호하는 행동을 하려면, 인권에 대한 감수성이 있어야 하고, 인권에 대한 판단력이 있어야 하고, 인권이라는 가치를 다른 가치보다 우선할 줄 알아야 하고, 인권 옹호 행동을 끝까지 밀고 나갈 수 있는 인내심과 의지가 있어야 한다고 했다. 가장 중요한 게 인권감수성인데, 이는 인권 문제가 걸려 있는 특정 상황에서 자신의 행동이 다른 사람의 복지에 어떤 영향을 미칠지 알고, 그 상황을 해결하기 위한 책임이 자신에게 있다고 인식하는 능력이다. 인권감수성이 떨어지는 사람은 인권 문제를 관행으로 치부하고, 자신이 타인의 인권을 침해하면서도 이를 의식하지 못한다. 실언도 거기에서 나온다.

대한민국 헌법 제11조는 "누구든지 성별·종교 또는 사회적 신분에 의하여 정치적·경제적·사회적·문화적 생활의 모든 영역에 있어서 차별을 받지 아니한다"라고 선언하고 있다. 또한 세계인권선언은 인종이나 언어에 따른 차별 없이 모든 사람의 인권을 존중할 것을 규정하고 있다.

장애인처럼 걸어서 죄송해요?

배우 임은경은 2014년 8월 「tvN」의 '웰컴 투 두메산골'에 출연해 어린 시절, 마음에 큰 상처를 받게 된 일을 털어놓았다.

"부모님이 청각장애인이에요. 사실은 청각장애인이라는 게 죄라고 생각했어요."

그는 "예전에 동네에서 남자아이들과 놀다가 한 남자아이와 치고받고 싸웠다. 그 남자아이가 자기 엄마에게 일렀다. 그때 그 아이의 엄마가 우리 엄마 욕을 하더라. '부모님이 장애가 있어서 네가 이러느냐'라며 입에 담지 못할 말로 공격하는데 충격이었다"라고 회고했다. 이 정도 말이면, 흉기를 휘두른 것이나 다름없어 보인다.

어떤 행사장에서 있었던 일이다. 연단에 오를 차례를 기다리던 한 간부가 자기 차례가 되었는데, 걸어가면서 다리를 절었다. 의자에 오래 앉아 있다 보니 혈액 순환이 잘되지 않아 다리가 불편했던 모양이었다. 그는 힘들게 연단에 올라 사과했다.

"여러분, 죄송합니다. 장애인처럼 걸어서."

행사장의 사람들은 별 반응이 없었다. 하지만 그 행사장에는 장애인도 있었다. 그 사람의 기분이 어땠을까? '장애인처럼 걸었다'라는 표현도 적절하지 않지만, '그래서 죄송하다'라는 사과는 더욱 적절하지 않다. 평소에 다리를 저는 사람은 죄송해야 하는 것일까?

차별의 마음은 언어에도 반영된다. 그렇기에 언어 습관을 살펴봐야 한다. 이제는 '장님'이나 '맹인'이라는 표현은 '시각장애인'으로, '귀머거리'라는 표현은 '청각장애인'으로, '벙어리'라는 표현은 '언어장애인'으로 바꿔 쓴다. '절뚝발이', '앉은뱅이' 같은 차별적인 표현 대신 '지체장애인'이라는 표현을 쓴다. 인권감수성이 떨어지는 실언은 이제 지탄을 받는다.

삼천포는 죄가 없다

"잘 나가다 삼천포(三千浦)로 빠지다."

이 말은 네이버 국어사전에 "진주로 가야 하는데 길을 잘못 들어 삼천포로 가게 되었다는 데서, 어떤 일이나 이야기 따위가 도중에 엉뚱한 방향으로 진행됨을 비유적으로 이르는 말"이라는 뜻의 속담으로 올라와 있다. 한때는 흔히 쓰던 말이다.

수필가 정봉화는 「삼천포로 빠진다」라는 제목의 수필에서 "서부경남 사람들의 애정 어린 충고로 알려진 말이다. 무슨 일을 하든지 방심하면 엉뚱한 결과를 얻게 되니, 방심하지 말고 끝까지 최선을 다하라는 말"이라고 했다.

그러나 삼천포 사람들에게 이 표현이 듣기 좋을 리가 없다. '길을 잘못 들어 도달하게 되는 곳이 하필 삼천포'인 까닭이다. 삼천포는 1995년 5월 행정구역 개편 때 사천군과 합쳐져 사천시로 바뀌었기 때문에 이제는 사라졌다.

특정 지역에 대해 나쁜 선입견을 가진 말은 당연히 해당 지역 주민들이 싫어한다. 비하하거나 경멸하는 의미가 담긴 표현은 폭언이라 할 수 있다.

"○○도에도 전기가 들어오나?"

그 지역이 낙후됐다는 뜻을 담은 표현인데, 아주 친한 사이에서나 할 수 있는 농담이다. 해당 지역 사람이 불쾌감을 느낀다면 바로 사과하는 게 옳을 것이다.

2017년 1월 8일 미국 베벌리힐튼 호텔에서 제74회 골든글로브 시상식이 열렸다. 톰 히들스턴은 '더 나이트 매니저'로 TV 드라마 부문 남우주연상을 수상했다. 수상 소감을 말하기 위해 무대에 오른 톰 히들스턴은 이렇게 말했다.

"얼마 전 남수단을 방문했습니다. 그곳에 있는 국경없는의사회 사람들이 '더 나이트 매니저' 시리즈를 봤다는 이야기를 들었습니다. 유니세프, 국경없는의사회처럼 세상의 망가진 곳을 고치는 일을 하는 사람들에게 즐거움을 줄 수 있어 자랑스러웠습니다. 이 상을 그들에게 바칩니다."

이 발언에는 문제가 있었다. '세상의 망가진 곳'이라는 표현 때문이었다. 네티즌들은 이 말이 백인중심주의의 전형이고, 영국인인 히들스턴이 과거 영국의 식민지였던 남수단에 대해 그렇게 표현한 것은 정말 큰 잘못이라고 지적했다. 이후 톰 히들스턴은 수상 소감이 적절하지 못했다고 사과했다.

사람은 말을 할 때 자신을 중심으로 생각하는 '이기적 편향'이 있다. 2017년 4월 25일 이마무라 마사히로 일본 부흥상이 도쿄의 한 호텔에서 열린 행사의 강연 도중, 2011년 일어난 동일본 대지진을 두고 이런 말을 했다.

"동북 지역이라 다행이었다. 수도권에 가까웠다면 심대한 피해가 있었을 것이다."

지진과 쓰나미 피해, 후쿠시마 원자력발전소 사고 등 피해의 중심부가 일본 동북 지역이었고, 도쿄는 상대적으로 중심부에서 벗어나 있어서 다행이었다는 말이었다. 동일본 대지진 피해 시민들과 정치권 인사들은 마사히로 장관의 발언을 규탄했다.

"지진으로 희생된 2만 명에 대한 모독이다. 도쿄 전력 후쿠시마 제1원전 사고로 많은 사람들이 피난을 하고 있는 가운데 허용할 수 있는 발언이 아니다."

후쿠시마 원전 가까이에 있는 미나미소마 시의 사쿠라이 가쓰노부 시장은 이렇게 비판했다. 이마무라 장관은 다음 날인 26일 총리에게 사표를 냈고, 사표가 곧바로 수리됐다.

'섹시하다'는 표현

2020년 10월 한 홈쇼핑 진행자는 "섹시하다는 게 여자에겐 건강하다는 거잖아요? 섹시하다는 건 건강에 대해 우려가 느껴지지 않는다는 거예요. 고객님, 그게 여자인 것 같아요."라는 말을 했다. 이에 여성성과 성적 매력을 동일시하면서 여성은 외모를 통해 건강상의 문제점이 발현된다는 차별적 인식을 드러내고 있다는 비판이 일었다.

같은 해 12월, 다른 진행자는 의류의 목 부분 신축성이 좋다는 점을 강조하는 과정에서 선천적 장애로 몸의 일부가 붙은 채로 태어난 샴쌍둥이를 신화 속의 괴물 메두사에 비유했다. "여기 머리 하나 더 들어가는 상황이에요. 그 뭐, 샴쌍둥이! 아니 메두사, 메두사!"

방송인 김새롬 씨도 2021년 4월 홈쇼핑 생방송 중 한 발언으로 큰 질책을 받았다. 김새롬 씨의 말이다. "당시 PD님이 프롬프터에 「그것이 알고 싶다」 방송이 끝났다는 메시지를 띄웠어요. 분위기 전환을 위해 그런 메시지를 띄우곤 해요. 저는 열심히 하겠다는 생각에 '방금 「그것이 알고 싶다」가 끝났어요. 그런데 지금 그게 중요한 게 아니고요'라고 말했어요."

당시 SBS '그것이 알고 싶다'는 양부모에게 학대 당해 사망한 정인이 사건을 다루었다. 워낙 국민들의 관심이 큰 주제였기에 그의 발언에 질타가 쏟아졌다. 김새롬 씨는 다음날 새벽 신중치 못한 발언이었다고 곧바로 사과했지만, 비판 여론이 쉽게 가라앉지 않았다. 결국 홈쇼핑 채널 대표까지 나서서 사과를 하고 재발 방지를 약속했다.

홈쇼핑 채널에 출연하는 쇼핑호스트나 게스트들은 상품 판매에 집중하다가 자칫 실언을 할 수가 있다. 낭패를 보지 않으려면, 무지와 편견에 빠지지 않는 사회적 감수성과 언어 감수성을 길러야 한다.

성인지 감수성을 높여라

2003년 11월, 서울의 한 신학대학교 채플 시간에 전교생 800여 명이 모였다. 이 대학이 속한 종교 단체의 총회장이 여성 목사 문제를 거론하면서 단호히 말했다.

"우리 교단에서 여자가 목사 안수를 받는다는 것은 턱도 없다. 여자가 기저귀 차고 어디 강단에 올라와."

여성 목사를 허용할 수 없다는 방침을 분명히 밝히는 것에 그쳤다면 문제될 리가 없었다. 그러나 총회장의 비유는 심각했다. 여성은 생리를 하기 때문에 강단에 오를 수 없다는 뜻을 담고 있었다. 게다가 생리대를 '기저귀'라고 표현했다. 반발이 거셌다. 총학생회가 여학생회와 공동으로 임시 총회를 열어 공식사과를 요구했고, 여성 종교 단체와 여성계도 '상식 이하의 성폭력성 발언'이라고 비판했다. 총회장은 사과할 이유가 없다고 했지만, 반발이 워낙 거세지자 그 다음 주 채플 시간에 강단에 올라 "부적절한 말을 해 여러 여성 단체에까지 문제가 비화되어 많이 괴로웠다. 실언을 해서 미안하다"라고 사과했다.

망언 수준의 여성 비하만 문제가 되는 것은 아니다. 모든 여성이 그런 것도 아니고, 그럴 만한 이유가 있는 일을 두고 싸잡아 비난하는 경우 반드시 역풍을 맞는다.

"여자들은 사회성도 부족하다. 회사에서 여자를 뽑은 뒤 뭐라고 하면 울고, 심지어 엄마에게 전화도 오더라(한 기업체 대표, 여자대학 강연에서)."

"여자축구 경기를 보면 실점한 팀은 아주 짧은 시간 뒤에 추가 실점하곤 한다. 여자축구 경기가 다 그렇다. 왜냐하면 소녀와 여자들은 남자보다 더 감정적이기 때문이다."(케니 실스 북아

일랜드 여자대표팀 감독)

케니 실스 감독은 이 발언으로 여론의 뭇매를 맞고 사과했다.

이제 외모로 여성을 평가하는 일은 금기로 삼아야 한다. 2017년 서울대학교 학생 대표들은 학생대표자회의를 열어 총학생회장에게 사퇴를 권고했다. 몇 해 전 신입생 입학 행사 공연에서 얼굴을 드러내지 않고 내레이션을 맡은 여자 신입생에게 그가 "얼굴을 보니 왜 내레이션을 하는지 알겠다"라고 한 사실이 뒤늦게 문제가 되었다. 또 교내 축제 기간에 주점에서 여학생에게 "여기 꽃이 어디 있어요"라고 한 일도 거론되었다. 총학생회장은 결국 사퇴했다.

편견은 꼭 누군가에게 상처를 주는 건 아니다. 편견이나 잘못된 선입견을 가진 사람이라는 평가 자체가 그의 평판을 떨어뜨린다.

'여배우'라는 말 싫어요

2016년 2월 18일 'JTBC 뉴스 9'에 배우 이미연 씨가 출연했다. 손석희 앵커가 물었다.

"4년 뒤면 지천명이신데 어떤 고민이 있습니까? 여배우로서."

이미연 씨가 대답했다.

"사실 저는 가끔 의문이 들어요. 왜 남자 배우에게는 남자 배우라는 표현을 쓰지 않고, 여자 배우에게는 여배우라는 말을 쓰는지. 어찌 보면 그걸 잘 이용해서 되게 편안하게 배우 생활을 할 수 있을 것 같은데, 저는 그 표현이 별로 마음에 들지는 않고요."

이미연 씨는 왜 그렇게 말했을까? 여배우라는 표현에 여성 배우에 대한 성차별적 시각이 담겨 있다고 봤기 때문일 것이다.

2015년 11월 영화 「도리화가」 쇼케이스에서 배우 류승룡 씨는 함께 출연한 배우 수지 씨에 대해 이렇게 말했다.

"여배우가 현장에서 가져야 할 덕목들. 기다림, 애교, 그리고 있는 것 자체만으로 행복감을 주는 존재감, 꼼꼼함. 이런 것들이 많은 해피 바이러스를 우리 영화가 끝날 때까지 충분히 줬던 거 같다."

이 발언을 두고 누리꾼들 사이에 논란이 일어났다. 여성의 처지에서는 류승룡 씨의 발언이 분명 귀에 거슬린다. 그것이 영화계의 현실이라면 성차별적이지 않은가 생각해보게 한다.

남자에게는 남자라고 따로 표시하지 않으면서, 여자에게만 특별히 여성임을 표현하는 사례는 여배우 외에도 여교수, 여의사, 여대생 등이 있다. 심지어 신(神)조차도 여신이 따로 있다. 남성중심 사회가 오래 이어져온 데 따른 산물이다.

"의사와 소년이 낚시를 하고 있다. 소년은 의사의 아들인데 의사는 소년의 아버지가 아니다. 그럼 이 의사는 누굴까?"

답은 어머니다. 답을 빨리 말하지 못한 사람은 혹시 의사는 남자라는 고정 관념에 빠져 있는 것은 아닌지 생각해볼 필요가 있다.

김선우 시인은 이렇게 쓴 적이 있다.

"19년 전 20대 중반의 나이로 등단했을 때, 공적인 자리에서 내가 질색하던 말이 '여류 시인'이라는 수식이었다. '여류'도 싫은데 나이와 외모를 지칭하는 말까지 곁들여져 소개될 때 느꼈던 불쾌함은 여전하다. 나이와 외모는 직업의 세계에서 불문이어야 옳다. '여류'라는 말은 예술계에서 주로 많이 쓰이는데, 여성 예술인 앞에 관습적으로 붙이는 이 말에 대해 그다지 문제의식을 못 느끼는 분위기가 나는 매우 불편하다. '남류'라는 말은 쓰이지 않건만 여성의 경우에만 '여류'라는 수식어를 붙이는 이유는 무엇일까. 남성이 하는 예술은 관형어의 구속이 불필요한 '예술'인데, 여성이 하는 예술은 '여류'라는 관형어에 구속되어 주류에 부속된 지류의 느낌으로 왜곡된다. 여성이건 남성이건 작가는 작가일 뿐이다(「한겨레」 2005년 1월 26일)."

시인은 "이 자명한 상식이 우리 사회의 내밀한 의식 속에서는 아직 상식에 도달하지 못하였기에 이런 단어가 여전히 상용되는 것인지도 모른다"라고 덧붙였다. 때로 성별에 대한 구분이 필요한 경우가 있다. 이때도 인간의 평등과 다양성을 존중하는 태도로 언어를 사용하는 것이 중요하다.

교양인이라면 쓰지 말아야 할 단어

2011년 7월 12일 수원지방법원 형사항소4부는 온라인 게임 채팅방에서 상대에게 '대머리'라고 표현해 비하한 혐의로 기소된 김모 씨에게 벌금 30만 원을 선고했다. 재판부는 이렇게 판결했다.

"대머리라는 표현은 사람의 외모에 대한 객관적인 묘사이기도 하지만, 방송이나 문학 작품 등에서 부정적인 이미지로 그려낸 사례도 있다. 대머리라는 표현은 사회적 가치 평가를 저하시키는 표현이라고 할 수 있다. 사이버 상에서 상대방을 대머리로 지칭할 경우, 당사자가 실제로는 대머리가 아님에도 대머리로 오인될 소지가 있어 허위사실을 적시했다고 볼 수 있다."

김모 씨는 1년 전 한 호텔에서 온라인 게임에 접속해, 평소 감정이 있던 상대를 '뻐꺼(머리가 벗겨졌다는 속어)'라고 표현하는 글을 올렸다가 기소되었다. 그 사람은 실제로는 대머리가 아니었다.

1심 재판부는 "신체적 특징을 묘사하는 말도 명예 훼손죄가 될 수 있지만, 대머리는 머리털이 많이 빠져 벗어진 머리 또는 그런 사람을 뜻하는 표준어이고, 그 단어 자체에 어떤 경멸이나 비하의 뜻을 담고 있다고 보기 어렵다. 또 신체적 특징이나 개인의 취향과 선호도, 유행 등에 따라 호불호가 갈리는 경우도 많다"라고 했고, "특히 이 건의 경우 유죄로 인정한다면, 처벌의 무분별한 확장을 가져올 우려가 있는 점 등을 고려해 이를 명예 훼손이라고 단정할 수 없다"라며 무죄로 판단했다.

항소심 재판부가 유죄를 선고한 이유는 이렇다.

"방송이나 여러 작품 등에서 대머리를 부정적 이미지로 그려 낸 사례도 없지 않고, 특히 당사자는 심한 정신적 스트레스와 함께 외모에 대한 콤플렉스를 느끼는 계기가 되기도 하는 점, 현대 의학에서 대머리를 일종의 질병으로 보는 견해도 있는 점 등을 종합할 때, 일반인이 '대머리'라는 표현을 들었을 때 부정적인 의미로 받아들일 여지가 없지 않다."

결국 소송은 대법원까지 갔다. 대법원은 무죄 취지로 사건을 고등법원으로 다시 돌려보내면서 판결문에 이렇게 썼다.

"'뻐꺼'라는 표현은 피고인이 머리가 벗겨진 사람, 즉 '대머리'를 지칭하는 의미로 평소에 직장 동료들과 사용해온 은어일 뿐이고, 일반적으로 통용되는 표현도 아닌 것으로 보인다. 피고인과 피해자는 직접 대면하거나 사진이나 영상을 통해서라도 상대방의 모습을 본 적이 없이, 단지 사이버 공간의 게임 상대방으로서, 닉네임으로만 접촉했을 뿐인 점 등에 비춰볼 때, '뻐꺼'나 '대머리'라는 표현은 피해자에 대한 경멸적 감정을 표현해 모욕을 주기 위해 사용한 것일 수는 있을지언정 객관적으로 상대방의 사회적 가치나 평가를 저하시키는 것이라고 보기는 어렵다."

판결문은 명예 훼손죄에 대해서는 무죄라고 밝혔지만, 그 말이 모욕을 주기 위해 사용한 것일 수는 있다고 인정했다.

교양 있는 사람이라면 입에 담지 말아야 할 단어들이 있다. 2010년 미국 시카고 주지사인 람 이마뉴엘은 백악관 비공개 회의에서 자신이 바라는 것과 다르게 행동하려는 진보적 활동가들을 못마땅해하며 '망할 놈의 지진아(retarded)'라고 말한 일이 있다. 그런 사실이 보도되자, 장애인 올림픽본부와 지적장애인단체가 즉각 항의했다. 미국의 지적장애인 수는 700만 명을 넘는다.

특정인을 비하하는 어감이 포함된 용어나 상대방에 대한 존중이 결여된 단어는 사용하지 말아야 한다.

우선 장애인 인권과 관련해 꿀 먹은 벙어리, 벙어리 냉가슴, 눈 뜬 장님, 장님 코끼리 만지는 격, 절름발이 영어 같은 단어는 장애를 빗대어 부정적인 이미지를 담은 표현이므로 쓰지 않는 것이 좋다. 또 '장애를 앓고 있는'이란 표현은 장애를 질병으로 연상시키는 까닭에, '장애에도 불구하고' 같은 표현은 장애에 대한 동정 어린 시각을 담고 있으므로 쓰지 않는 것이 좋다. 비장애인을 '정상인'이라고 쓰는 것도 큰 결례가 된다. 장애를 가진 사람이라도 장님은 시각장애인, 정신지체인은 지적장애인, 저능아는 발달장애인으로 바꿔 쓰는 것이 좋다.

성평등 정신에 어긋나는 여류화가, 여류작가와 같은 표현을 피하고, 여성의 신체적 특징을 지나치게 강조하는 '꿀벅지', '베이글녀', '쭉쭉빵빵' 같은 단어를 쓰지 말아야 한다. 중년여성을 비하하는 '김여사' 같은 표현, 가부장적인 표현인 '미망인', 외국인을 비하는 '짱깨', '쪽발이' 같은 표현, 외국인 선수를 낮춰 말하는 '용병' 같은 단어도 피해야 한다. 윤락은 성매매로, 정신분열증은 조현병으로, 편부모는 한부모로 순화해 쓴다.

마음에 있으니 말이 되어 나온다

조선 선조 8년(1575년) 9월 27일, 집의(執義, 사헌부의 종3품 관직 이름) 신점(申點)이 임금에게 말했다.

"북방이 텅 비었으므로 오랑캐의 기병이 침입해온다면 방어할 방책이 없으니, 장수를 미리 골라 명망(名望)을 배양(培養)하소서."

그러자 선조 임금이 이렇게 답했다.

"조정에 큰소리치는 자들이 많으니, 만약 오랑캐의 기병이 침입한다면 큰소리친 자들에게 막게 하겠다."

조정 신하들에게 냉소적인 속내를 그대로 드러내버린 것이다. 듣고 있던 율곡 이이가 왕을 타박했다.

"상께서 말씀하신 큰소리치는 사람이란 어떤 사람을 가리키신 것입니까? 만약 실속 없이 큰소리만 치는 자를 가리키신 것이라면, 그를 임용하여서는 일을 망칠 것인데 어찌 적을 막게 할 수 있으며, 만약 옛것을 좋아하고 성인을 사모하는 사람을 큰소리친다고 여기신다면 상의 전교는 매우 온당치 않습니다."

이이는 선조의 실언이 가져올 결과를 거론했다.

"왕의 말씀이 한번 나오면 사방으로 전파되는 것이니, 그 말씀이 좋지 않으면 천 리 밖에서부터 그 명을 따르지 않습니다. 그런데 지금 전하께서 유자들이 큰소리만 친다고 하시어 북쪽으로 보내려 하시니, 현명한 자들은 기운을 잃고 불초한 자들은 조정으로 나오려고 갓을 털고서 준비를 할 것입니다. 군주의 한 말씀이 선한 사람으로 하여금 기세가 꺾이게 하고, 악한 자로 하여금 기뻐하게 한다면 어찌 잘못된 말씀이 아니겠습니까."

『조선왕조실록』은 이렇게 전한다.

"상은 입을 다물고 아무 말이 없었다."

선조는 임금이기 때문에, '큰소리치는 자들'에 대한 속마음을 들켰어도 타격이 크지 않았다. 하지만 늘 그런 것은 아니다. 국내 한 유명 식품 업체의 대표는 2016년 말 주말마다 서울 광화문 거리를 메우는 촛불집회가 열릴 때, 자신이 운영하는 인터넷 카페에 글을 올렸다.

"뉴스가 보기 싫어졌다. 촛불시위, 데모, 옛날이야기 파헤치는 언론, 왜 이런지 모르겠다."

"국정이 흔들리면 나라가 위험해진다."

또한 '대규모 집회를 일으키거나 거기에 가담한 자는 폭도'라는 내용이 담긴 보수 단체의 동영상까지 올렸다. 이런 발언은 촛불집회를 지지하는 누리꾼들의 공분을 샀고, 온라인을 중심으로 해당 회사 제품의 불매 운동으로까지 확산되었다. 소비자의 마음을 읽고 있었다면, 굳이 그런 글과 동영상을 올리는 일은 하지 않았을 것이다. 내 마음속에 있는 생각이 비난받을 만한 생각이라면 들켜서는 안 된다. 아니면 생각을 고치든가.

마개는 열리고 브레이크는 풀린다

사명대사가 허균에게 해준 충고를 다시 떠올려보자.

"만약 입 지키기를 병마개 막듯 한다면……"이라고 했다.

말실수란 말이 미끄러진 것이다. 말레이시아에는 "발이 미끄러진 것은 몸이 보상할 수 있지만, 혀로 미끄러진 것은 황금으로 그 대가를 지불해야 한다"라는 속담이 있다고 한다. 큰 대가를 치르는 일이 벌어지지 않게 하려면 혀에 브레이크를 잘 걸어야 한다. 그렇게만 한다면 우리는 실언을 피할 수도 있을 것이다. 그런데 사람이란 실수를 하게 마련이다. 그렇다면 중요한 것은 무엇일까? 마개가 열려 흘러나와도, 브레이크가 풀려 굴러가게 되어도 큰 문제가 없도록 생각과 마음을 닦는 일일 것이다. 마음에 있으니, 무의식에 있으니 결국 말이 되어 나오는 것이다.

두 연예인의 실언 사례를 살펴보자. 2014년 12월 30일 방송된 「SBS」 파워FM '두 시 탈출 컬투쇼'에 방송인 박슬기 씨가 게스트로 출연했다. 성우에 대한 이야기를 나누던 중 "슬기 씨, 목소리가 성우 같아요. 애니메이션 더빙을 해도 되겠어요"라는 이야기가 나왔다. 누군가 "하지 않으셨나요?"라고 물어보자 박슬기 씨는 "애니메이션, 옛날에 그, 프란체스카가 애니메이션으로 나와서 그거 하고 그 이후로는 뭐가 없네요"라고 답했다. 누군가 "성우도 괜찮으실 것 같은데요"라고 칭찬했다. 그러자 박슬기 씨는 "할 것 없으면 해보려고요"라고 대답했다.

"할 것 없으면 해보겠다"라는 말은 곧 문제가 되었다. 「KBS」 권창욱 성우가 자신의 소셜 미디어를 통해 "'할 것 없으면 해보려고요'라는 말은 그 일을 평소에 어지간히도 우습게 생각했다는 거지"라며 "어떤 직업이 됐건 '할 것 없으면 해보겠다'라는 말을 들을 이유는 없다. 세상에 하찮은 일이 어디 있어. 그 일을 하찮게 여기는 사람의 인격이 하찮은 수준인 거지"라고 직접적으로 비난했다. 누리꾼들도 박슬기 씨의 트위터에 해당 발언을 지적하는 댓글을 남겼다. 그는 자신의 트위터를 통해 "죄송해요. 더 신중하게 말했어야 했는데 경솔했습니다. 아주 심한 말실수를 했네요. 절대 본의가 아닌데 정신없이 이야기하다 보니 경솔했습니다"라고 사과했다.

영화배우 전지현 씨는 2015년 7월 개봉한 영화 「암살」에서 역사 속에 묻혀 있던 여성 독립운동가 역할을 맡아 온몸으로 열연했다. 그런데 전지현 씨는 영화 개봉 직전 한 영화 매체와의 인터뷰에서 "역사에 관심 있는 편인가"라는 질문에 이렇게 대답해버렸다.

"하나도 없다. 시나리오가 완벽하고 캐릭터가 정말 매력적이어서 역할에 욕심이 났다. 그런데 안옥윤이라는 인물을 인간적으로 이해하는 건 어려웠다."

여기까지는 큰 흠이 없었다. 그런데 그 다음이 문제였다.

"독립이나 민족에 크게 관심이 있는 것도 아니었고, 평소 나랏일에도 별로 관심이 없어서 공감하기 힘들었다."

공식 인터뷰에서 이런 말은 하지 않는 게 좋았을 것이다. 솔직하게 마음을 표현한다고 한 말이지만, 자신의 이미지를 심각하게 훼손하는 말이었기 때문이다. 전지현 씨는 문화체육관광부가 주최하는 대한민국 대중문화예술상에서 대통령 표창을 수상했는데, 그의 수상 소식을 듣고 비난하는 이들이 있었다. 마음에 있는 것은 아차, 하는 순간에 흘러나온다. 그러므로 실언을 피하기 위해서는 평소에 생각과 마음을 잘 다듬고 다스려야 한다.

내가 심한 말을 한 거야?

클라리넷 연주자인 그는 태어났을 때부터 앞을 보지 못했다. 그는 장애도 때로는 능력의 발판이 될 수 있고, 장애를 가졌다고 해서 아름답지 못할 이유가 없다고 생각했다. 하지만 사람들은 자신의 기준으로 장애인들의 능력을 판단할 때가 많다.

2012년의 일이었다. 그가 연주를 마치고 나오는 길이었다. 한 여성이 헐레벌떡 뛰어오더니 "○○○ 씨, 클라리넷 연주하는 분이시지요?"라고 말을 걸었다.

"네. 맞습니다. 저는 클라리넷 연주자 ○○○ 입니다."

"혹시 개인 레슨도 하시나요? 제 아들이 클라리넷을 연주합니다. 다음 주에 콩쿠르가 있는데 혹시 좀 봐주시지 않겠습니까?"

그는 머뭇거리며 자신보다는 다른 분의 도움을 받는 것이 더 낫지 않겠느냐고 했다. 하지만 계속된 요구에 그는 다시 만날 장소와 시간을 정하고 헤어졌다. 뭔가 기분이 찜찜했다. 뭐라고 해야 할지 모르겠지만 불편한 느낌이 있었다. 일주일이 지나고 약속한 날이 왔다. 그는 10시에 도착할 학생을 위해 청소도 하고 기본적인 것들을 준비해놓고 있었다. 9시 55분쯤에 전화가 걸려왔다.

"여보세요?"

"안녕하세요. 지난번에 만났던 ○○○ 엄마입니다."

"아, 네. 언제 도착하시나요?"

"아니, 그게 아니라 제 아들 녀석이 앞을 못 보는 사람에게는

악기를 배우기 싫다고 하네요. 그래서 못갈 것 같습니다. 죄송
합니다."

그는 알겠다는 말을 하고 통화 종료 버튼을 눌렀지만, 마음속
에서 그 무언가 점점 끓어오르기 시작했다.

"오랜 세월 고생하고 참아가며 살아온 기억들이 떠올랐습니
다. 앞이 보이지를 않아서 혼자 땡볕에서 여기저기 헤매던 때
도 있었고, 식당을 찾지 못해 굶는 일이 빈번했지만 그래도 열
정과 투지로 달려왔던 저인데……."

시각장애인 클라리넷 연주자 ○○○ 씨가 나에게 해준 이야
기다. 이 책에서 그의 실명은 밝히지 않으려고 한다. 그는 말
했다.

"장애라는 것은 신이 주신 것이며, 장애는 다른 부족한 부분
을 채워주시기 위한 작은 선물이라고 생각해요. 저는 비록 눈
이 불편하지만 육감과 예리함이 있습니다."

그의 말을 들으며 생각했다. 애초 아들의 의견을 듣고 레슨을
요청했다면 어땠을까? 설령 아들이 싫다고 해서 레슨을 취소하
더라도 "뜻하지 않은 사정이 생겨 레슨을 못 받게 되었다. 정말
죄송하다"라고 사과했으면 어땠을까?

5장

공감적 대화를 망치는
나쁜 습관

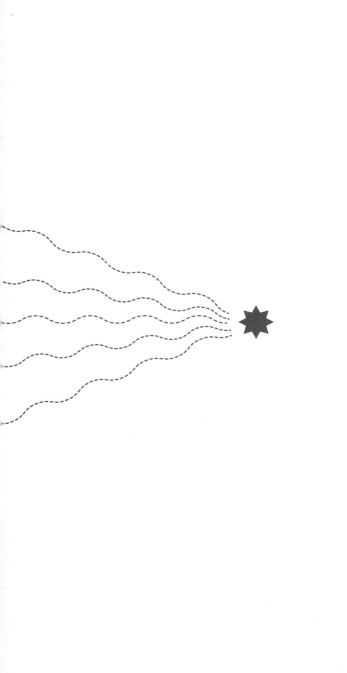

격의 없는 사람일수록 격의가 필요하다

한 라디오 방송에서 청취자가 보낸 사연을 듣고 놀란 적이 있
었다. 요약하면 이렇다. 여고 동창생 몇몇이 아주 오랜만에 만
났다. 방송국에 사연을 보낸 사람의 학창 시절 단짝 친구도 있
었다. 동창생들은 학창 시절을 돌아보며 이야기꽃을 피우다,
지금은 어떻게 살고 있는지 서로 물었다. 이야기가 길어지다
보니 이런저런 푸념도 털어놓게 되었다. 사연을 보낸 당사자는
시댁 어른들이 아들만 챙기고, 사돈댁을 깔보며 며느리를 홀대
한다고 푸념을 늘어놓았다. 그러자 단짝 친구가 이렇게 말했다

고 한다.

"뭐, 그런 '거지 같은 집구석'이 다 있냐?"

사연을 보낸 사람은 친구에게 그 말을 듣고 기분이 매우 나빠졌다고 했다. 시댁 어른들에게 불만은 많지만, 그런 말을 듣고 보니 위로가 되기는커녕 불쾌해졌다고 했다. 푸념을 늘어놓은 걸 후회하게 되었고, 다시는 그 친구를 만나고 싶지 않다고 했다. 왜 이런 일이 벌어졌을까? 단짝 친구가 친구의 아픈 마음에 공감을 표시하기 위해 한 말이 도를 넘었기 때문일 것이다. 사연을 보낸 이는 시댁 어른들의 처사에 불만이 많기는 했지만, 그래도 "나는 그 집안 사람"이라고 생각하고 있었을 것이다. 그런데 오랜만에 만난 단짝 친구가 '거지 같은 집구석'이라고 하면 그것은 '나'를 욕하는 것과 같다. 당연히 자존심이 상할 것이다.

표현을 과격하게 하는 것은 좋지 않은 말 습관이다. 이런 표현은 사람의 가슴에 비수처럼 꽂힌다.

"그럼 그렇지. 너는 항상 그런 식이야."

"놀고 있네."

"그런 것 하나 알아서 못해?"

"네가 제대로 하는 일이 뭐 있어?"

"인생 그렇게 살지 마."

"너는 가식적이야."

"얼마나 잘 사나 두고 보자."

"여기서 그만 깨끗이 갈라서자."

"이놈의 회사 때려치우면 그만 아냐?"

"무슨 말이 그렇게 많아."

아무리 상대와 친한 사이라고 해도 이런 표현을 자주 쓰는 사람이라면, '아차' 하는 상황에 훨씬 자주 직면하게 될 수 있다. 듣는 사람이 왜 상처를 받았는지 다음 사례들을 한번 살펴보자.

#나이가 쉰 살이 넘은 아내가 가끔 애교를 부릴 때가 있다. 그날도 갑자기 성대를 쥐어짜며 아기 소리를 내더니, 몸을 살짝 흔들며 내 이름을 불렀다. 그때 나도 모르게 "아, 징그러워"라는 말을 해버렸다. 아내는 갑자기 표정이 바뀌더니 며칠 동안 말을 걸지 않았다. 나는 좀 어색해서 농담 삼아 한 말인데 하고 나서 후회했다.

#친구들끼리 목소리를 녹음해서 들어보자고 했다. 한 친구가 내게 "야, 너는 얼굴은 안 그런데 목소리는 싼티 난다"라고 했

다. 나는 이 말 한마디가 30년이 지난 지금도 기억에서 지워지지 않는다.

#모르는 문제가 있어 친구에게 물었다. 비슷비슷한 문제였지만 확신이 안 들어서 자꾸 물었는데 친구도 귀찮을 것 같기는 했다. 친구가 갑자기 이렇게 말했다.

"야, 정 떨어지게 왜 이래?"

나는 친한 친구에게 귀찮을 정도로 질문을 계속한 게 미안하기는 했지만, 그 말을 듣고 마음이 많이 아팠다.

#오늘 친구들과 옷에 대한 이야기를 하다가 한 친구에게 이렇게 말해버렸다.

"너는 옷에 관심 없잖아. 너는 얼굴부터가 아니야."

옆에 있던 친구들이 그렇지 않다고, 꾸미면 예쁘다고 수습해주기는 했는데 내가 너무 개념 없이 말한 것 같아 미안했다. 그래서 장난이라고 했더니 친구가 더 속상해했다.

#나는 구청에서 일하는 공무원이다. 세금 징수 관련 일을 하고 있어서 상담 전화가 빗발친다. 전화를 최대한 빨리 받으려

고 애쓰고, 아무리 친절하게 해도 납세자의 성에 차지 않을 때가 있는 모양이다. 이런 이야기를 일주일에 한두 번은 듣는다.

"가만히 앉아서 우리가 낸 세금으로 월급 받고 있는 주제에……."

그런 말을 들을 때면 친절하게 대하고 싶은 마음이 흔들린다.

#여자친구가 잔뜩 멋을 내고 나타났다. 나는 나도 모르게 "술집 여자 같아"라고 해버렸다. 좀 섹시해보인다는 말을 하려고 했는데 그렇게 표현한 것이다.

"뭐라고? 술집 여자?"

그녀는 눈을 흘기고 곧바로 자리에서 일어나 가버렸다. 나는 상황을 파악하고 계속 빌었지만 그녀는 "나는 너에게 잘 보이고 싶어서 정성 들여 옷을 입고 나갔는데, 어떻게 그런 말을 할 수 있어?"라는 문자를 보냈다. 그 이후로 우리는 만날 수가 없었다.

#엄마와 언쟁을 벌였다. 기분이 좋지 않았다. 식사를 할 때가 되었다. 엄마가 식탁 위에 비빔밥을 차렸다. 나는 내뱉듯이 이렇게 말했다.

"개밥 같아."

엄마는 큰 충격을 받으셨는지 이틀 동안이나 아무 말도 하지 않으셨다.

#나는 이것저것 만들기를 좋아한다. 그림 그리기나 코바늘뜨기, 프랑스자수를 종종 한다. 어느 날 취미활동을 하고 있는 나에게 엄마는 "넌 참 시간도 많다!"라고 지나가듯 말했다.

비아냥이 아닌 걱정의 의미였다 해도, 취미에 대한 나의 애정과 노력이 무시되는 것 같아 상처를 받았다. 가벼운 말 한마디, 어쩌면 상대를 걱정해서 하는 말 한마디가 큰 상처를 줄 수 있다는 것을 알았다. 상대가 어떤 마음을 품고 있는지는 함부로 판단할 수 없다는 것을 깨달았다.

비교는 공정하지 않다

많은 사람들이 타인과 비교하는 습관으로 아파하고 있다.

35년 만에 중학교 동창회에 나간 소영 씨는 놀라운 사실을 알게 됐다. 오랜만에 만난 동창들과 식사를 하면서 이런저런 이야기가 오갔다. 3학년 때 같은 반이었던 한 친구가 대뜸 이렇게 말했다.

"너 진주 맞지. 우리는 진흙이고 말이야. 그때 애들이 너를 너무 미워했는데. 알고는 있었냐?"

영문도 모른 채 다음 이야기를 기다려야 했다. 중학교 3학년 때 담임 선생님은 호랑이보다 더 무서운 존재였다. 어느 날 조회시간에 선생님은 "우리 소영이는 진흙 속의 진주야. 계속 성장하고 있어. 아주 좋아"라고 말했다. 순간 반 분위기는 묘한 침묵이 흘렀고, 쉬는 시간에 아이들이 삼삼오오 모여서 투덜댔다. "그럼 쟤가 진주면 우린 진흙이야, 뭐야? 응?" 사춘기의 학생들은 그 말에 매우 기분 나빠했다. 오랜 시간이 흘러 어른이 되었음에도 중학생 때의 상처가 그대로 박혀 있었던 것이다.

비교란 개인의 고유한 능력이나 경험, 배경을 간과할 수 있기때문에 공정하지 않을 수 있다. 스스로가 충분하지 못하다고 느끼게 하지 않도록 한다.

형제로 자란 어느 직장인의 고백이다. 그에게는 두 살 차이 나는 형이 있다. 형은 공부를 잘했다. 형과 같은 학원에 다녔는데 한 문제를 풀 때 형은 두 문제를 풀었고, 그가 반에서 1등을 할 때 형은 전교에서 1등을 했다. 선생님들과 가족들은 형을 천

재라고 했다. 명절만 되면 어른들은 그에게 이렇게 말하곤 했다. "너에게는 많이 안 바랄 테니 형의 반만이라도 하면 된다."

이 말은 '너는 아무리 노력해도 형의 반도 안 되는 인생이야'라고 말하는 것처럼 들렸다고 한다. 학창시절 내내 열등감이 따라다녔다면서 그는 한숨을 쉬었다.

우리는 친구들과 대화하면서 "여운이는 지혜롭고 현신이는 예쁘잖아"라고 말할 때가 있다. 다른 사람에 대한 단점이 아닌 긍정적인 점을 언급했음에도 여운이와 현신이는 어떤 기분일까. 현신이는 자신이 여운이처럼 지혜롭지 않다고 생각하고, 여운이는 자신이 예쁘지 않다고 여길 수 있다.

비교는 자신과 다른 사람을 대조하여 자신의 안정감을 위협하곤 한다. 다른 사람보다 뒤쳐진다는 느낌은 자존감을 훼손한다.

어느 70대 시어머니가 큰아들 집을 방문했다. 큰며느리에게 "둘째며느리가 참 가정교육을 잘 받은 것 같다"며 칭찬을 했다. "그렇죠, 어머니. 저도 동서가 참 좋은 사람이라고 생각해요. 정말 착해요."라며 공감해드렸다. 며칠 후 온 가족이 다 모인 날, 시어머니는 큰며느리와 둘째며느리와 차를 마시면서 "둘째야, 너는 참 가정교육을 잘 받은 것 같다. 어쩜 그렇게 남편과 애들에게도 잘하니. 보기가 좋다"며 흐뭇하게 웃으면서 칭찬했다.

가족들이 모두 돌아가고 혼자 남은 큰며느리는 언짢고 불편한 기분이 계속되었다. 시어머니에게 못다 한 말이 마음속에서 그를 괴롭혔다. '어머니 말씀이 처음에는 괜찮았어요. 어린 동서를 격려해주고 싶은 마음도 이해해요. 그런데 나란히 앉은 우리를 보시면서 동서에게만 그런 얘기를 하시니, 그럼 나는 뭐죠. 가정교육을 못 받아 살림을 못 하는 건가요? 어머니에게 여쭤보고 싶어요.'

비교를 당할수록 사람은 더욱 불행해진다. 왜냐하면 비교하는 말은 반발심을 불러일으킨다. 열등감이나 좌절감, 무기력을 느끼면서 자신과 비교되는 대상에게 적개심을 갖게 할 수 있다.

'직설적 비판'과 '친절한 조언'의 차이

중학교 가정 과목 바느질 실기 시간이었다. 작은 손가방을 만들기로 했는데 처음으로 바늘을 잡아보았고, 바늘에 실을 꿰는 것조차 어려웠다. 다른 친구들은 제법 잘했다. 교실을 돌면서 도움을 주던 선생님이 내 솜씨를 보시더니 "얼굴은 큰며느리감처럼 생겼는데 손은 똥손이네."라고 큰소리로 말하셨다. 나는 바로 홍당무가 되었다. 그 이후로 나는 내 손이 똥손이라는 생각에 손으로 하는 것을 시도할 때마다 두려움이 생겼다. 40년이 흘렀는데도 그때 선생님의 목소리가 잊혀지질 않는다.

한국인의 언어 습관을 돌아보면 '거칠게 평가하고 지적하는 말투'를 거침없이 쓰는 것 같다. 외국인들의 눈에는 그게 잘 보이는 모양이다. 2016년 1월 「중앙일보」 인터넷 방송 '비정상칼럼쇼'에서 독일인 다니엘 린데만 등 외국인들이 강찬호 「중앙일보」 논설위원과 한 토론에서 제3자의 눈으로 이를 거론한 적이 있다. 다니엘의 말이다.

"한국에는 부정적인 비판이 만연해 있는 것 같아요. 최근에 '너는 그걸 왜 그렇게 못해?' 혹은 '잘 못하시네요' 같은 말을 하루에 세 번이나 들은 적이 있어요. 어느 라디오 방송에 꽤 유명한 게스트가 나왔는데 헤드셋에 문제가 있었던 모양이에요. 그러자 디제이가 방송 중에 그 게스트에게 '잘 못하시네요'라며 직접적으로 비판했어요. 한국 사회에서 비판은 '정'의 문화에 기인해 같이 성장하자는 의미를 담은 경우가 많은 것 같아요. 그러나 만약 독일인에게 그런 식으로 이야기한다면 사이가 멀어질 수 있다는 점을 알리고 싶어요."

린데만은 덧붙였다.

"만약 상대에게 부족한 부분이 있다면, 직설적으로 비판하기보다는 친절하게 조언하는 것이 상대의 명예를 존중하는 방법이 아닐까 해요."

이집트인 새미 라샤드가 한 말도 곱씹을 만한 가치가 있다.

"조언에는 마음이 담겨 있지만 비판은 그저 냉정할 뿐이다."

사람의 판단에는 주관적 편향이 끼어들기 마련이다. 상대의 개인적인 경험을 무시하고 평가하다 보면, 듣는 사람은 감정의 상처를 받을 수 있다. 이때 자신이 비난과 공격을 받는 것으로 생각하고 상대가 하는 말에 저항감으로 반격하거나 변명을 하기도 한다. 결국 대화가 이어지지 못한다. 대화의 목적이 무엇인가? 상대를 이해하고 협력을 도모하기 위한 것이다. 그렇다면 상대에게 상처를 줄 수 있는 평가나 비판은 피해야 한다.

지적이 상대의 행동을 교정해주려는 것이 아니라, 자신을 제대로 대접하지 않은 것에 대한 질책인 경우도 흔히 있다. 요즘은 이를 속어로 '갑질'이라 한다. 음식점에서 종업원의 서비스가 마음에 들지 않을 때 화를 내거나, 고객센터 직원에게 일이 빨리 처리되지 않는다고 분풀이하는 것이 그런 사례다. '손님이 왕'인 시대에 고객의 권리 의식은 크게 고양되었다. 그러나 종업원도 맡고 있는 일을 하는 것일 뿐 똑같은 인격체다. '갑질'이나 '지적질'이라는 표현 자체에 이미 사회적 비판을 받아 마땅하다는 듯이 담겨 있다.

돌이킬 수 없는 취중 실언

"지금 만나는 남자 친구에게 전 남자 친구의 이름을 두 번이나 불렀어요. 한 번은 무심코 말실수를 한 것이었는데 그때는 사과하고 넘어갔어요. 다른 한 번은 술에 취해서 부른 거였어요. 헤어지자고 하더군요."

한 회사원의 경험담이다. 그야말로 '술이 원수'가 아닐 수 없다. 술을 많이 마시는 사람치고 취중 실언을 한 번도 안 한 사람은 아마 없을 것이다.

1999년 6월 7일 오후 대검찰청 공안부장실. 대전 고등검찰청장으로 발령받은 진형구 공안부장이 기자들과 만나 대화를 하다가 놀라운 이야기를 털어놓았다. 1998년 김대중 정부 초기에 일어났던 조폐공사의 파업은 공기업이 파업하면 검찰이 이렇게 대처한다는 것을 보여주기 위해 검찰이 유도한 것이라는 내용이었다. 발언 내용은 다음 날 언론에 보도되었다. 큰 파장이 일었다. 진 공안부장은 취중 실언이라며 무마에 나섰다. 실제로 진 공안부장은 이 발언을 하기 전, 대검찰청 간부들과 점심을 함께 하면서 '폭탄주'를 몇 잔 마신 탓에 취기가 가시지 않은 상태였다고 한다. 검찰도 그런 일이 없었다고 부정했다. 하지만 이미 엎질러진 물이었다. 문제는 발언 내용의 진위 여부였다. 검찰이 조사에 나섰고, 나중에 여야 합의로 특별검사가 수사했다. 이 사건과 다른 사건이 얽혀 법무부장관이 취임 열흘도 안 되어 옷을 벗었다.

　고위 공직자의 취중 실언이 세간을 뒤흔든 일은 또 있다. 2016년 7월 8일 「경향신문」은 나향욱 교육부 정책기획관이 전날 「경향신문」 기자들과 저녁을 먹는 자리에서 "민중은 개돼지다", "밥만 먹게 해주면 된다" 등의 부적절한 발언을 했다고 보도했다. 신문이 공개한 당시의 대화 내용을 살펴보면 나 기획관은 "신분제를 공고화해야 한다고 생각한다. 미국을 보면 흑인이나 히스패닉, 이런 애들은 정치니 뭐니 이런 높은 데 올라가려고 하지도 않는다"라고 말했다. 이에 기자가 "구의역에서 컵라면도 못 먹고 죽은 아이 때문에 가슴이 아프지도 않은가.

사회가 안 변하면 내 자식도 그렇게 될 수 있는 거다. 그게 내 자식이라고 생각해 봐라"라고 질책성 질문을 하자, 그는 "그게 어떻게 내 자식처럼 생각되나"라고 반문했다. 기자들이 발언의 심각성을 재차 지적하며 해명할 기회를 수차례 줬지만, 나 기획관은 끝내 자신의 발언을 취소하지 않았다. 나 기획관은 국회에 출석해 "취중에 나온 실언이다. 국민들께 죄송하다"라고 사과했다. 그러나 해당 발언에 대해서는 정확히 기억나지 않고 진심이 아니라고 했다. 나 기획관은 결국 파면되었다.

한국인은 비교적 술에 관대한 편이다. 특히 남성들은 "술자리에서 일어난 일은 술자리에서 끝낸다"라는 이들이 많다. 그러나 눈을 감아주는 데도 한도가 있다. 지나친 것은 피해를 입은 상대방의 기억에 남고 소문으로 퍼진다. 고위 공직자의 취중 실언처럼 사회적으로 큰 파문을 낳기도 한다. 술은 많이 마시면 입에 채운 병마개와 혀의 브레이크를 슬그머니 풀어버린다. 술만 그러는 것은 아니다. 극도의 피로가 쌓여 있다가 한계에 봉착했을 때, 극도로 긴장되는 상황에 처해 있을 때도 같은 일이 벌어질 수 있다.

아슬아슬한 농담을 즐기는가

K의 여자 친구는 꽤 통통한 편이다. 여자 친구는 다이어트에 계속 실패했다. 그래서 K는 그녀를 가끔 놀리곤 했다. 결코 통통한 것이 싫은 건 아니었다. 그저 가볍게 놀리는 것이 서로의 관계에 윤활유가 된다고 생각했다.

어느 날 그가 학교에 자전거를 타고 가다가 여자 친구를 만났다. 그녀는 그를 만나자마자 강의실에 책을 두고 나왔다면서 얼른 가져와야겠다고 했다.

"자전거로 나 좀 태워다줘."

K가 웃으면서 대답했다.

"안 돼. 펑크 나면 어떡해?"

그녀는 그 자리에서 그를 노려보더니 그만 뒤돌아 혼자 강의실로 뛰어갔다. 그러고는 연락을 끊어버렸다.

위험한 곳에 자주 가는 사람은 다치기 쉬운 법인 것처럼 아슬아슬한 농담을 즐기는 사람은 선을 넘기 쉬운 법이다.

농담은 유쾌한 분위기를 만들고 웃음을 유발한다. 스트레스도 풀고 긍정적인 감정을 갖게 해 서로에게 친밀감을 높일 수도 있다. 그런데 어떤 상황에서는 농담이 적절치 않고, 누군가에게는 불쾌감을 줄 수 있다.

다른 사람을 비하하거나 모욕하는 표현은 위험하다. 농담은 분위기를 좋게 하고 웃음을 유발하는 것이 목적이므로 상대를 비난하거나 모욕하는 내용을 농담으로 포장해서는 안 된다. 그런 농담은 대화의 분위기를 깰 수 있다. 상대의 감정을 존중하는 태도를 유지해야 한다.

미국의 배우이자 코미디언인 빌리 크리스탈은 2019년 아카데미 시상식에서 수상자들에게 이런 얘기를 했다. "베스트 액터상 후보 중 일부는 약을 먹고, 일부는 약을 먹지 않았다."

그는 이렇게 말하며 약물 중독과 관련된 농담을 시도했다. 그러나 이 농담은 일부 관객들로부터 비판받았고 냉소적인 반응을 받았다.

말로 먹고사는 정치인들도 선을 넘어 낭패를 보는 일이 가끔 있다. 2010년 8월 미국 알래스카 주에서 공화당 소속인 전 연방 상원의원 테드 스티븐스가 비행기 추락사고로 사망했다. 민주당 소속 뉴햄프셔 주 하원의원 후보 키스 핼러랜은 "페일린과 레비가 (사고로 추락한) 그 비행기에 탔었더라면 좋았을 텐데"라는 글을 인터넷에 올렸다.

페일린은 2년 전 미국 대통령 선거 때 공화당 부통령 후보로 나섰던 알래스카 주지사 출신의 여성이다. 거친 언행으로 공화당 안에서 많은 지지자를 모았지만, 동시에 민주당 지지자들 사이에선 거부감이 컸다. 레비는 페일린의 딸 브리스톨이 낳은 아이의 아버지 레비 존스턴을 가리킨다. 브리스톨과 레비는 두 차례 약혼과 파혼을 거듭했고, 이때는 헤어진 상태였다. 핼러랜의 글은 "비행기 사고로 두 사람이 죽었으면 좋았을 텐데, 아쉽다"는 뜻을 담은 것이나 마찬가지였다.

주 하원의원인 티머시 호리건이 핼러랜의 글에 답을 하면서 사태는 커졌다. 그는 자신의 페이스북에 이렇게 썼다.

"나는 페일린이 죽기를 원치 않는다. 동정심 때문이 아니다. 죽은 페일린이 산 페일린보다 훨씬 더 위험한 데다, 그녀가 죽으면 더 이상의 실언도 하지 않을 것이기 때문이다."

페일린의 실언을 비꼰 것이다.

두 사람의 글에 대해 "표현이 상식선을 넘었고, 정치적 풍자로 보기도 어렵다"는 비판이 쏟아졌다. 결국 현직인 호리건 하원의원은 하루 만에 자신의 발언이 사려 깊지 못했다고 사과하고, "뉴햄프셔 주 하원을 욕되게 했다"며 의원직을 사퇴했다.

페일린을 대놓고 조롱한 것은 그렇게 함으로써 지지자들의 환호를 이끌어낼 수 있기 때문이다. 그런데 조롱한 표현이 한 단계씩 상승하다가 보통 사람이 인내할 수 있는 선을 넘어서버리면 그때부턴 자신이 비판의 대상이 된다.

벽에도 귀가 있다

"나는 고부간의 갈등이 전혀 없다고 자부해왔다. 시어머니를 친정어머니처럼 대하고 싶었다. 시어머니도 나를 딸처럼 대하고 싶다고 종종 말씀하셨다. 그런데 어느 날 우연히 남편과 시어머니가 하는 대화를 듣게 되었다. '애가 밝은 건 좋은데, 아버지 없이 자라서 그런지 어른 어려운 줄을 모르고 말이 너무 가볍더라. 어디 가서 말실수는 안 하는지 모르겠다.' 나는 눈물이 났다. 주체하지 못할 만큼 서러웠다. 믿고 따랐던 분인데 어머니가 그런 생각을 하고 있을 것이라는 건 전혀 생각도 못 했다. 그 뒤로 내 마음은 얼음처럼 차가워졌다."

우연히 듣게 된 시어머니의 뒷담화에 상처받은 며느리의 이야기다. 사람은 뒷담화를 하면서 흔히 실언을 한다. 당사자의 귀에 들어가지 않을 것이라고 쉽게 믿기 때문이다.

2016년 9월 30일 국회 교육문화체육관광위원회의 교육부

산하 기관 국정 감사가 열렸다. 한국학중앙연구원 이기동 원장이 국회의원들의 질문에 답했다. 문답이 썩 매끄럽지 못했다. 이 원장은 유은혜 더불어민주당 의원의 질의에 "뭐요?"라고 언성을 높였다. 그러고는 "신체상 문제가 있다"라며 갑자기 국정 감사장을 나가 화장실로 갔다. 그 뒤에 논란거리가 생겼다. 신동근 더불어민주당 의원은 "이 원장이 화장실에서 비서에게 '내가 안 하고 말지, 새파랗게 젊은 것들에게 이런 수모를 당하고'라고 하는 말을 들었다. 그것은 국회를 모독하는 일이다"라고 했다. 뒷담화를 들킨 것이다. 이 원장의 비서는 그런 발언을 한 것이 사실이라고 인정했다. 이 원장도 처음에는 그런 말을 안 했다고 주장하다가 결국 인정했다. 11월 예산 심사 때 국회 예산결산특별위원회는 한국학중앙연구원에 대한 2017년도 예산안에서 13억여 원을 삭감했다. 삭감 이유는 이랬다.

"국정 감사에서 이 원장의 부적절한 언행이 문제가 되었는데도, 교육부가 이 원장 해임 등의 필요한 조치를 취하지 않아 출연금 예산을 감액한다."

당사자가 없는 곳에서 그를 헐뜯는 말이 '뒷담화'다. 영어로는 'backbite'인데 뒤에서 물어뜯는다는 뜻이다. 프란치스코(Francisco) 교황은 "뒷담화만 하지 않아도 성인이 된다"라고 했다. "나라님도 없는 자리에서는 욕도 하는 법"이라는 우리 속담이 있다. 그러나 그 말이 당사자에게 들어간다면 뒷감당이 어려워질 수 있다. 관계가 완전히 파탄될 수 있다. "그 사람 앞에서 할 수 없는 말은 없는 자리에서도 하지 말라"라는 격언이 나온 이유다.

뒷담화를 왜 하는 걸까? 스트레스를 해소하는 방법으로 사용하기도 하고, 타인을 비하하거나 비난하는 말을 하면서 자신이 더 나은 위치에 있음을 느끼려고 하는 경우도 있다. 그러나 모든 일이 뜻대로만 이뤄지는 것은 아니다.

형법에 명예 훼손죄가 있다. 명예란 사람의 인격적 가치에 대한 사회적 평가, 즉 외부적 명예를 말한다. 명예 훼손이란 사람의 품성, 덕행, 명성, 신용 등에 대한 객관적인 사회적 평가를 떨어뜨리는 행위인데, 형법은 "공연히 사실이나 허위 사실을 적시하여 사람의 명예를 훼손"하면 처벌하도록 하고 있다. '공연히'라는 말은 불특정 다수가 인식할 수 있는 상태를 말한다. 여기서 중요한 것은 허위 사실이 아니라 사실을 말했어도 명예 훼손이 성립될 수 있다는 점이다. 다만 피해자가 원치 않으면 처벌할 수 없을 뿐이다. 뒷담화를 들은 사람이 당사자에게 그 말을 전하지 말라는 법은 없다. 내가 다른 사람에 대해 험담할 때, 듣는 사람은 '이 사람은 내가 없는 자리에서 내 험담도 쉽게 하겠구나'라고 생각할 수도 있다. 뒷담화에 참여하더라도 긍정적인 사고를 하면서 말을 절제해야 한다. 뒷담화는 실언의 샘이다.

프로이트식 말실수

2012년 11월 25일 제18대 대통령 선거에 출마하는 새누리당 박근혜 후보는 당사 기자실에서 열린 후보 등록 관련 기자회견에서 이렇게 말했다.

"저는 오늘로 지난 15년 동안 국민의 애환을 같이 나눠왔던 대통령직을 사퇴합니다."

기자실을 가득 채우고 있던 취재진과 보좌진 사이에 순간 정적이 일었다. 기자들이 "대통령?"이라고 서로 묻는 등 술렁거렸다. 대통령 후보로 출마하기 위해 국회의원직을 사퇴한다고 말하려던 것을 대통령직을 사퇴한다고 말해버린 것이었다. 박 후보는 "아, 제가 뭐라고 했습니까?"라고 질문했고, 주변 사람들이 잘못 읽었다고 알려주자 그제야 말실수가 있었다는 것을 알아차렸다. 곧바로 웃으면서 "그 부분을 다시 하겠다"라고 말하고, "저는 오늘로 지난 15년 동안 국민의 애환을 같이 나눠왔던 국회의원직을 사퇴한다"라고 고쳐 말했다.

김태형 '심리연구소 함께' 소장은 2015년 4월 「프레시안」과 한 인터뷰에서 박근혜 후보의 '대통령직 사퇴' 발언 해프닝을 이렇게 해석했다.

"사실은 하기 싫었던 거다. 프로이트가 봤다면 '대통령하기 싫어하나보다'라고 했을 것이다. 그런 말이 그냥 실수로 쉽게 나올 수 없다. 프로이트는 '실수에도 다 뜻이 있다'라고 했다. 대선에 출마하기도, 대통령을 하기도 싫었던 거다."

부지불식간에 속마음을 들켜버리는 말을 하는 것을 프로이트식 말실수(Freudian slip)라고 한다. 프로이트에 따르면 이런 말실수는 억압된 무의식이 의식에 개입해 일어난다. 우리가 평소에 자주 저지르는 이 말실수는 남에게 감추고 싶은 생각을 무의식중에 밖으로 드러내는 데서 시작된다고 한다. 프로이트는 '억눌려져야 할 생각이 입 밖으로 표출됨으로써 난처한 지경에 이르는 것'이라고 했다. '대통령을 하기 싫은 마음'에서 나온 말실수라는 김 소장의 해석이 정확한지 검증할 방법은 없다. 그러나 '프로이트식 말실수'라는 해석이 전혀 무리가 아니라는 걸 보여주는 사례를 찾기는 어렵지 않다.

4.13 총선을 엿새 앞둔 2016년 4월 7일. 새누리당 김무성 대표는 노원역 근처 롯데백화점에서 새누리당 이준석 후보의 지지 연설을 했다. 김 대표는 연설 도중 "우리나라의 발전을 위해 안철수 의원을 선택해주시기를 바란다"라고 말했다. 자기 당후보의 지원 유세를 하러 와서, 유력한 경쟁자인 국민의 당 후보를 선택해달라고 한 것이다. 김 대표는 실수를 알아차린 뒤 "아이고, 제가 하루에 열 번씩 연설을 해서 여러분을 웃기려고 일부러 그랬다"라는 말로 웃음을 유도했다. 그러나 속마음을 들킨 것이라는 해석이 많았다. 안철수 후보가 국회의원직에 당선해 국회로 들어와야, 다음 대통령 선거에서 야당 후보 간 경쟁이 일어날 것이기에 이를 바라는 속내를 드러내고 말았다는 것이다.

과연 어떤 경우에 무의식이 의식에 개입하는 말실수가 일어날까? 무의식을 제대로 눌러두지 못하는, 즉 긴장하거나 불안한 상태에서 일어날 수 있다. 프로이트식 말실수를 줄이려면 할 말을 미리 준비해두는 것이 좋다. 연설이라면 미리 원고를 작성해서 숙지해갈 필요가 있다.

'의식적인 뇌'와 '숨겨진 뇌'

2014년 4월 미국 프로 농구계가 발칵 뒤집혔다. LA 클리퍼스의 도널드 스털링(Donald Sterling) 구단주가 한 발언이 세상에 알려지면서였다. 그는 자신의 나이 어린 여자 친구에게 이렇게 말했다.

"흑인과 어울려 다니는 게 거슬린다. 매직 존슨과 찍은 사진을 휴대폰에서 지워라."

구단주의 흑인 인종차별 소식이 전해지자 클리퍼스 선수단은 강하게 불쾌감을 드러냈다. 경기를 앞두고 하프 라인에 모인 선수들은 일제히 연습 유니폼을 벗어 바닥에 던졌다. 그리고는 경기 내내 구단의 로고가 보이지 않게 경기 유니폼을 뒤집어 입었다. LA 시장도 도널드 스털링을 거세게 비난했다. 결국 미국 프로농구 NBA 사무국이 그를 제명하기로 결정했다. 그리고 최고 한도액인 250만 달러의 벌금을 부과했다. 도널드 스털링은 「CNN」과 한 인터뷰에서 "나는 인종차별주의자가 아니며 흑인을 비하하려는 의도가 전혀 없었다"라고 한 뒤 "큰 잘못을 저질렀다"라고 사과했다. 그러나 "존슨은 LA에서 어린이들의 귀감이 될 만한 인물이 아니다"라며 깎아내린 발언으로 더 거센 비난을 샀다. 자신은 절대 인종차별주의자가 아니라고 강조하는 도널드 스털링의 흑인 차별 발언은 어디에서 비롯한 것일까?

「워싱턴 포스트」 과학 담당 기자인 샹커 베단텀(Shankar Vedantam)은 무의식, 잠재의식, 암시성 같은 개념들을 포괄하여 '숨겨진 뇌(hidden brain)'라는 말을 만들었다. 그것은 우리가 깨닫지 못하지만 우리를 조종하고 있는 다양한 영향력을 말한다. 그는 『히든 브레인』이라는 책에 이렇게 썼다.

"연구자들은 6세 아이들과 10세 아이들, 그리고 성인들의 의식적인 인종적 태도와 무의식적인 인종적 태도를 측정하는 검사를 했다. 연구자들은 세 집단의 무의식적인 태도가 모두 비슷하다는 것을 발견했다. 세 집단은 모두 흑인보다 백인에게 호의적인 태도를 보였다. 이 세 집단에게 자신들의 의식적인 견해를 명확하게 표명하라고 하자, 10세 아이들은 6세 아이들보다 편견을 덜 느낀다고 이야기했고, 성인들은 자신들에게 편견이 있다는 것을 전적으로 부인했다."

베단텀에 따르면, 자신의 견해를 명확히 밝히라는 말을 들으면 우리의 의식적인 뇌와 숨겨진 뇌가 대화를 나누는데, 매번 의식적인 뇌가 논쟁에서 승리한다고 한다. 그런데 압박감 속에서 의식적인 뇌는 통제력을 잃곤 한다. 숨겨진 뇌로 인해 통제할 수 있는 의식적인 뇌의 능력이 약해지면서, 평소 숨기고 있던 믿음과 태도에 따라 말하고 행동하게 된다는 게 그의 설명이다. 그래서 스포트라이트와 카메라 세례를 받는 사람들이 종종 우둔한 말을 하게 된다는 것이다.

우리는 흑인 차별 발언을 하여 구단주 자리에서 제명된 도널드 스털링과는 전혀 다른 사람인가? 우리의 무의식 속에는 편견이 자리 잡고 있지만 우리가 그것을 꼭꼭 감춰두고 있는 것일 수도 있다. 경계를 늦추지 말아야 한다. 감정을 통제할 수 있어야 한다. 도널드 스털링의 몰락 앞에서 '신의 은총이 없었다면 나도 저랬을 거야'라고 우리가 반응해야 한다는 게 베단텀의 견해다.

스트레스와 압박감만이 우리를 시험에 들게 하는 것은 아니다. 나이를 먹고 뇌가 퇴화하면서 우리는 어린아이처럼 거침없이 편견을 드러낼 수 있다. 수많은 연구 결과를 보면 젊은 성인들에 비해 노인들이 가진 편견이 더 심했다. 이런 현상에 대한 전통적인 설명은, 노인들은 편견에 치우친 태도가 자유롭게 표현될 수 있는 시대, 또는 편견에 치우친 태도가 하나의 규범이었던 시대에 성장했다는 것이다. 그러나 오스트레일리아 퀸즐

랜드 대학의 윌리엄 폰 히펠(William Von Hippel)의 연구에 따르면, 노인들은 자신들의 마음을 통제하는 능력이 떨어질 때 편견을 드러낼 가능성이 커진다고 한다. 의식적인 통제력은 스트레스와 압박감을 느끼는 상황에서만 약화되는 것이 아니라, 고령이 되어도 약화된다. 노인들은 오후가 되어 피곤해져도 통제력이 약화된다고 한다. 그래서 이런 일이 벌어진다.

"나이 든 노인 환자들은 오전보다 오후에 '이유 없는 언쟁'을 벌일 가능성이 세 배 더 높다."

공감 능력을 키워라

결혼 생활 15년째인 K는 오랜 고민 끝에 이혼을 하기로 결정했다. 장녀인 K는 친정 부모의 자랑거리였다. 외모도 빼어났고 공부도 잘해 명문 대학을 나왔다. 결혼한 이후에도 친정어머니는 자신의 친구들에게 K의 남편과 딸의 결혼 생활을 자랑하곤 했다. 친정어머니는 K의 이혼을 반대했다. K는 친정어머니에게 전화를 걸어 어렵게 입을 열었다.

"엄마, 우리 이혼하기로 합의했어요."

그러자 친정어머니가 말했다.

"나는 창피해서 어떻게 사냐? 네가 나한테 이럴 수 있어?"

K는 아득해져서 아무 말도 할 수 없었다. 전화기에서는 친정어머니의 말이 계속 흘러나왔지만, 아무것도 귀에 들어오지 않았다. 너무나 힘들게 이혼을 결정해 마음이 한없이 무거운 상황에서, 친정어머니는 딸은 제쳐두고 자신만 생각했다.

타인의 존재를 인식하지 못하거나 너무 희미하게 인식하고, 자기중심적 사고를 할 때 우리는 공감하는 데 실패하고 실언을 하게 된다. 그런 일을 피하려면 공감 능력을 길러야 한다. 공감 능력은 상대의 마음을 읽어내는 능력이다. 이것은 상대의 기분이나 생각에 "나도 그래"라면서 맞장구를 쳐주는 것과는 다르다. "당신 기분이 지금 이렇군요"라고 그 상태를 정확히 이해하는 것이 공감이고, 그럴 수 있는 능력이 공감 능력이다. 공감 능력이 떨어지면 자기중심적으로 행동하게 된다. '나만 좋으면 된다'라고 생각하고 행동하기 때문이다. 슬퍼하는 상대에게 위로의 말을 해야 할 때, 공감 능력이 부족한 사람은 적절한 위로의 말을 하기보다 오히려 무심한 말을 하게 될 수 있다.

결혼정보회사 가연은 2017년 2월14일부터 2주간 모바일 결혼정보 '천만모여' 회원 375명을 대상으로 '다퉜을 때 화를 부르는 내 애인의 말'에 대한 설문조사를 했다.

응답자의 41%가 "나 피곤하니까 더 이상 이야기 말자"를 최악의 멘트로 뽑았다. 이어 "또 시작이야(29%)" "전 애인은 그런 적 없는데 너는 왜 그래?(15%)" "나 원래 그래, 모르고 만났어?(9%)" "그냥 내가 다 미안하다고 하면 돼?(4%)" "기타(2%)"였다.

미혼남녀의 39%는 말다툼의 주요 원인으로 "빈정거리는 말투"를 택했다. "감정 없는 사과(31%)" "말도 안 되는 변명(19%)" "오히려 약점을 들추는 모습(7%)"이라고 답했다.

상대에게 실망할 때는 "관계 회복을 위해 노력하지 않는 연인의 모습을 봤을 때"와 "배려가 부족한 상대방의 모습을 볼 때"라고 답했다.

서로에게 필요한 것은 바로 공감을 해주는 대화였다. 공감 능력이 부족하면 인간관계를 제대로 풀어갈 수 없다. 사람은 다 다른데, '내가 이러니까 저 사람도 그렇겠지'라고 생각하고 행동하면 타인과의 관계가 삐걱거리게 된다. 공감 능력이 뛰어난 사람은 대체로 감정 표현이 풍부하고, 상대의 기분을 잘 파악하며, 다른 사람의 의견을 잘 수용한다.

6장

'공감적 경청'과
'공감하는 말하기'

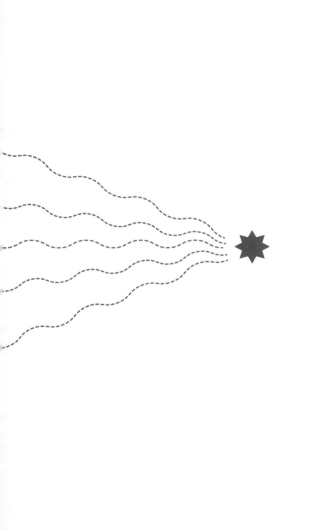

혀에 브레이크를 거는 능력을 훈련하라

지금까지 공감과 배려가 없는 대화가 상대에게 얼마나 큰 상처를 주는지 여러 사례를 들어 살펴보았다. 특히 한 마디의 말 실수, 즉 실언이 어떻게 한순간에 인간관계를 망치는지에 대해 다양한 각도로 분석해보았다. 한 번의 실수가 백 번의 진심을 무너뜨릴 수 있기 때문이다. 말을 유창하게 하기보다 실언을 하지 않는 게 더 현명한 대화법이다.

이 책에서 실언의 가장 포괄적인 정의는 "말한 사람의 평판을 떨어뜨리는 말"이다. 평판이 추락하는 이유는 크게 두 가지다. 하나는 상대방 또는 제3자의 마음에 상처를 주는 말을 하기 때문이다. 그런 말을 함으로써 공감과 배려가 결여된 말을 함부로 하는 사람이 되는 것이다. 다른 하나는 본인의 무지와 편견을 스스로 드러내는 말이다. 상대방이나 제3자에게 직접 상처를 주든 그렇지 않든, 경솔한 사람으로 평가받게 한다. 아무리 시대가 변해도, 말을 조심하라는 충고는 끝없이 새로워질 것 같다. 김초혜 시인은 「입」이라는 제목의 시에 이렇게 썼다.

산 사람을 죽게도 하고 / 죽은 사람을 살려 내기도
착한 사람을 / 악인을 만들기도 하는
나만 가진 것이 아니고 / 모두가 가지고 있는
흉기 중의 흉기
_시집 『멀고 먼 길』에서

실언은 하지 않는 게 좋았을 말, 하지 말아야 했던 말이다. 따라서 평소 훈련을 통해 혀에 브레이크를 잘 거는 능력을 기르는 것이 실언을 피하는 첫 번째 길이다.

지혜로운 옛 사람들이 새겨들어야 할 충고를 많이 남겼다. 로마 5현제의 마지막 황제이고, 『명상록』을 남긴 철학자로도 유명한 마르쿠스 아우렐리우스(Marcus Aurelius)는 '겸허한 마음가짐'을 강조했다.

"누군가의 잘못을 알아차렸다면 겸허하게 그 사람의 실수를 바로 잡아주어라. 그 사람이 당신의 말을 귀담아듣지 않는다면 당신 자신을 탓하라. 더 나은 방법은 어느 누구도 비난하지 않고 겸허함을 유지하는 것이다."

미국의 3대 대통령을 지낸 토머스 제퍼슨은 이렇게 충고했다.

"화를 없애려면 어떤 말을 하거나 행동을 하기 전에 10까지 세라. 그래도 진정이 되지 않는다면 100까지 세라. 그래도 진정이 되지 않는다면 1,000까지 세라."

화를 참으면 분노로 인해 격한 말을 하는 것을 피할 수 있다.

다른 사람에게 상처가 되는 말을 들었을 때, 혹시 나는 그런 말을 하지 않았는지 돌아보는 것은 매우 좋은 말하기 훈련법이다. 거친 말을 삼가고, 감정을 절제할 줄 알고, 상대를 배려하는 것이 몸에 밴 사람은 실언으로 곤경에 처하는 일이 드물다.

경청은 공감의 출발점

엄마는 거실에서 텔레비전을 보며 바쁜 손길로 다림질을 하고 있었다. 나도 막 소파에 앉아 텔레비전을 보는데, 감정노동에 시달리는 텔레마케터 이야기가 흘러나왔다. 바로 내 얘기였다. 엄마한테 말했다.

"엄마, 우리 얘기야."

엄마는 다림질을 하며 힐끗힐끗 텔레비전을 보는 둥 마는 둥 했다. 마침 잘됐다 싶었다.

"내가 얘기할게. 엄마 내 한풀이 좀 들어줘."

그러면서 말을 막 시작하려는데, 엄마가 말했다.

"야, 세상에 안 힘든 일이 어디 있냐? 내 한풀이나 좀 들어줘라."

엄마의 그 말에 속이 무척 상했다.

텔레마케터로 일하는 한 여성이 상담과정에서 말해준 사례다.

다른 사람의 이야기를 경청하는 것은 공감으로 이어지는 출발점이다. 상대의 감정을 잘 헤아리려면 경청을 해야 하기 때문이다. 경청에 실패하면 대화는 미끄러진다. 그런데 왜 사람은 상대방의 얘기를 잘 듣지 못할까?

첫째, 우리는 남의 말을 듣기보다 내 말을 더 하고 싶기 때문이다. 내가 말할 때는 내가 대화를 통제할 수 있다. 상대의 이야기에 귀 기울이는 노력을 하지 않아도 되고, 관심 없는 걸 듣지 않아도 된다. 내가 주목되고 관심 받으며 내 정체성을 강화할 수도 있다.

둘째, 집중하기가 쉽지 않기 때문이다. 사람은 1분 동안 평균 225단어를 말한다. 그런데 듣는 사람은 1분에 500단어를 알아들을 수 있다. 뇌에서는 275단어를 추가로 정보 처리할 수 있는 여분의 능력이 있다. 그래서 귀로는 듣지만 눈으로는 다른 것을 관찰하거나 딴 생각을 하는 것이 가능하다. 우리 뇌는 선택적인 인식을 할 수 있어서, 더 흥미로운 정보를 받아들이고 다른 것은 무시한다. 그래서 다른 사람의 말을 듣는 데 집중하려면 그만큼 많은 에너지를 투입해 몰입하려는 노력을 해야 한다.

셋째, 우리는 상대의 이야기를 들으면서 속으로는 무슨 말을 할 것인가를 생각한다. 상대의 말이 끝나기가 무섭게 바로 자신의 말을 하려고 준비한다. 그러다가 상대의 말을 놓칠 수 있다.

넷째, 말을 많이 해서 내가 알고 있는 것을 알리고 인정받겠다는 욕심도 경청을 방해한다. 상대는 들어봐도 뻔한 얘기를 할 것이라는 선입견을 갖고, 내가 할 얘기만 생각하는 것이다.

그래서 경청은 실패하기 쉽다. 경청에 실패하면 실언을 하기 쉽다. 내가 열심히 듣지 않았다는 사실을 드러내는 말 자체가 상대에게 상처를 입히고, 나에 대한 평판을 떨어뜨린다. 말한 사람은 마음속으로 '제 말은 그런 의미가 아니에요', '당신은 듣고 싶은 이야기만 골라 듣는군요', '내 얘기를 듣기는 한 거야'라고 생각할 것이다. 경청의 기본은 화자가 어떤 이야기를 하는지 메시지에 집중하면서 듣는 것이다.

공감적 경청은 여기에서 한 단계 더 나아간다. 말하는 사람이 어떤 느낌을 가지고 이야기를 하는지, 왜 이런 이야기를 하는지 등 화자의 느낌과 생각 등을 추측하고 청자 자신이 이해한 내용을 화자에게 이야기해 확인하면서 듣는 것이다. 화자가 말하는 내용의 이면에 숨겨진 의미까지 이해하려고 노력하는 수준의 경청이다. 이때 비로소 화자는 자신이 충분히 이해받고 있다는 느낌을 갖게 되어 마음을 열고 커뮤니케이션에 참여할 수 있게 된다.

공감적 경청에 충실하려면, 가능한 말을 적게 하고 듣는 데 집중해야 한다. 80%는 듣는 데 할애하고, 20%만 말하는 데 할애하는 것이 좋다. 25년간 미국 최대 토크쇼를 이끈 오프라 윈

프리는 쇼를 하는 한 시간 동안 10분 정도만 말한다. 나머지 시간엔 상대방 이야기에 눈을 맞추고, 고개를 끄덕여주고, 질문을 던져주고, 또는 다른 사람을 끌어안는다. 한 여성이 성폭력 체험을 이야기하며 괴로워하자 자신도 그런 일을 당한 적이 있다고 솔직하게 고백해 사람들을 놀라게 했다.

공감 능력은 단지 실언을 피하게 해주는 데 그치지 않고, 그의 말에 매력을 더하고 사람을 아름답게 만든다. 공감적 경청을 하겠다는 시도가 실패해 실언으로 이어지는 경우도 있다. 나의 경험을 다른 이의 경험과 섣불리 동일시하다가 그런 일이 일어난다. 직장 후배가 회사일이 너무 힘들다고 말할 때, "나는 신입시절 너보다 훨씬 더 힘들었어"라고 답하는 것이 적절할까. 상대의 경험과 나의 경험은 다른 것이다. 가능한 상대의 아픈 경험을 들어주는 데 집중해야 한다. 충분히 들어주고 충분히 그 아픔을 느낀 다음에 자신의 이야기는 그때 해도 늦지 않다. 월급으로 받은 돈을 잃어버렸다고 말하는 사람에게 "나는 그보다 두 배 많은 돈을 잃은 적이 있다"고 말한다고 상대에게 위로가 되는 것은 아니다. "내가 겪은 것에 비하면 네가 잃어버린 것은 별 게 아니다"라고 말하는 셈이 된다. 상대는 더 허탈해질 것이다.

먼저 상대의 감정을 읽어라

실언의 구조를 안다면 우리는 실언을 피하는 방법을 발전시킬 수 있다. 나아가 상황에 더 알맞게 말하는 방법을 발전시켜 나갈 수 있다. 어느 직장인의 이야기다.

"장인어른이 교외의 노인요양병원에 계셔서 주말마다 가족들과 방문합니다. 매번 내 차로 가는데 동서와 처제, 처형은 아무 생각이 없는지 그냥 차편만 이용하고 유류비와 통행료는 신경도 안 쓰더군요. 한번은 아내에게 '그 사람들은 개념이 없다'라고 얘기했어요. 그 뒤로 2주 정도 부부 사이가 살얼음판이네요. 좋은 말로 했어야 했는데 후회됩니다."

그는 장인어른이 입원해 있어서 마음 아픈 아내의 감정을 헤아리지 못하고 아내의 친정식구들을 개념 없는 가족으로 만들어버린 셈이다. 대화를 할 때에는 먼저 살펴야 하는 것이 상대의 감정이다.

할아버지를 먼저 저세상으로 떠나보낸 한 할머니의 이야기를 들어보자.

"내 나이 이제 여든 살을 넘겼다. 남편과는 결혼 생활을 60년 넘게 했다. 얼마 전 남편이 먼저 세상을 떠났다. 나는 몹시 슬펐고 지금도 그렇다. 그런데 사람들은 이렇게 말했다. '60년 넘게 함께 사시다 사별했는데 뭘 그렇게까지 슬퍼하세요?' 심지어 자식들까지도 그렇게 말한다. 나는 슬퍼하는 척하는 게 아니다. 나는 너무나 슬프고 아픈데 사람들은 그런 표현조차도 못하게 한다."

우리는 섣불리 내 마음과 상대의 마음이 같을 것이라고 단정해버린다. 거기에서 실언이 나온다. 사람들이 이 할머니의 감정을 제대로 이해하지 못하는 것은 자기중심적으로 사고하기 때문이다. 그러다 보니 배려는커녕 상처를 입히는 말을 해버리는 것이다.

할머니는 진정으로 슬프다. 우선 그 감정을 있는 그대로 받아들이고 존중해야 한다. 슬픔에서 헤어나지 못하는 할머니에게 필요한 말은 무엇일까? 남편을 잃은 데 대한 위로다. 그렇다면 이렇게 말하는 것이 옳을 것이다.

"할머니, 많이 슬프시죠. 정말 사랑이 깊으셨나봐요."

이것이 '공감하는 말하기'다. 우리에게 더 많이 필요한 것은 충고가 아닌 공감이고, 설교가 아닌 경청이다. 우리 말에 귀 기울이면서 '어떤 감정을 내비쳐야 방금 저 사람이 한 말에 공감해 줄 수 있을까?'라고 생각해 줄 사람이다. 상대방이 듣고 싶어 하는 말이 무엇인지 생각하는 습관은 공감하는 말하기의 길로 인도할 것이다.

공감을 전할 방법을 궁리하라

대화를 할 때는 상대방의 감정을 헤아리는 것이 먼저다. 상대의 감정을 파악하지 못하면 오해가 생길 수 있다. 한 청년의 이야기다.

"군생활 중에 허리 디스크 때문에 휴가를 나온 적이 있습니다. 아버지는 잘 걷지도 못하는 저를 데리고 집으로 가면서 이렇게 말씀하셨어요.

'빨리 부대 복귀해라.'

첫 휴가 첫날에 빨리 복귀하라니요. 물론 아버지는 일병 때 병가를 오래 쓰면 남은 군생활이 고달파질 테니 저를 위해 하신 말이겠지만, 저는 허리도 아픈 마당에 공감은커녕 그런 이야기를 들으니 서운했습니다. 아버지가 말씀의 의도를 구체적으로 설명해 주셨으면 이렇게나 서운하지는 않았을 겁니다."

아들은 몸이 아픈 상태였고, 누구보다 아버지에게 공감을 받고 싶었을 것이다. "허리가 아프면 꼼짝하기도 힘들 텐데, 많이 아프겠다"라며 아들의 아픈 마음을 인정해주는 것이 먼저다. 그런 다음에 "그래도 잘 치료해서 최대한 빨리 복귀하도록 하자"라고 말해도 늦지 않다.

아버지는 마음속으로 얼마나 안쓰러웠겠는가. 마음을 표현하지 않는다면 상대는 오해할 수밖에 없다. 더군다나 아픈 상대에게는 더욱 존중과 배려를 표현하는 것이 중요하다. 상대의 감정을 이해하고 공감하는 것은 상대에게 지지를 보내는 것과 같다. 이러한 대화가 상대에게 힘과 위로를 전할 수 있다.

이처럼 상대방의 처지나 형편을 고려하지 않고, 일방적으로 말을 쏟아내면 실언이 되는 경우가 많다.

"나는 편의점에서 아르바이트를 하면서 학교를 다니고 있다. 그럴 수밖에 없는 형편이라 어쩔 수 없이 그러는 것인데, 어느 날 교수님이 '젊을 때는 돈에 연연하지 말고 공부에 더 매진하라'라고 말했다. 그 말에 울컥했다. 맞는 말이기는 한데 내게는 교통비라도 벌어야 하는 절박함이 있었다. 교수님의 말은 상처가 되었다."

이 학생은 덧붙였다.

"교수님이 한 말 때문에 우울한 기분이었는데, 편의점 사장님은 '아르바이트비 며칠 늦어도 되지?'라고 일방적으로 말했다. 내 사정은 고려하지 않고 마음대로 말하는 사람들이 미웠고 너무 힘들었다."

교수는 제자에게 돈에 연연하지 말라는 충고를 하기 전에, 그가 돈을 벌어야만 하는 처지일 수도 있음을 고려하는 게 좋았을 것이다. 편의점 사장 또한 약속한 날짜에 돈을 지급할 수 없는 이유를 학생에게 설명하고 양해를 구했어야 한다.

한 학생도 자신이 받은 상처에 대해 들려주었다.

"저는 대학생이고 외동이에요. 직전 학기까지 교수님 연구보조로 일했죠. 논문 보조를 비롯해 심부름 같은 잡다한 일들을 했어요. 조금만 업무를 늦게 처리해도 교수님은 '니가 혼자 자라서 아주 곱게 컸나 보다' '혼자라서 집에서 집안일 안 하지? 그래서 그런 거야?' 같은 말씀을 했어요. 저는 집에서 설거지나 빨래 등 집안일도 많이 하고, 레스토랑 알바와 사무보조 알바를 하는 등 다양한 경험이 있어요. 저의 실수가 외동들을 일반화하거나 왠지 모르게 부모님을 욕되게 하는 것 같아 기분이 매우 나빴습니다."

사람과 소통하기 전에, "내가 하려던 행동이나 말이 도움이 될까, 아니면 상처가 될까?"라고 자문해 봐야 한다.

'부정'보다는 '긍정'으로

사람에 대한 평가를 할 때 부정적인 말은 피해야 한다. 가능한 한 긍정적으로 말할 수는 없을까? 엄마의 말에 상처를 입었다는 한 학생의 경험담이다.

"그날은 제사라 친척들이 우리 집에 다 모였다. 엄마는 둘째인 나를 앞에 두고 '큰애는 절대 음감이 있어서 음악 쪽으로 진학을 준비하기로 했는데, 얘는 확실하게 잘하는 게 없어서 문제야'라고 친척들에게 태연하게 이야기했다. 고개를 끄덕이며 엄마 이야기를 들은 친척들은 나를 측은하게 보고 있었다. 정말 너무 충격이었다."

자녀는 부모의 평가에 매우 민감하다. 더욱이 부모가 자신에 대한 평가를 다른 사람들에게 말한다면 더욱 민감하게 반응할 것이다. 그럴 때는 자식을 더욱 배려해야 한다. 충고나 질책은 다른 사람들이 없는 데서 하는 것이 좋다. 물론 겸양의 미덕을 발휘하기 위해 자식을 낮추어 말하는 문화가 있기는 하다. 그렇다고 겸양이 지나쳐 깎아내리는 말을 해서는 곤란하다. 자식을 하나의 인격체로 인정하고 배려한다면 이렇게 말했다면 좋았을 것이다.

"작은애는 좀 더 지켜볼 거야."

"작은애는 무엇을 해야 할지 계속 찾고 있는 중이야."

다음 이야기는 고교 시절 태권도 대회에 나갔던 한 학생의 경험담이다.

"정말 열심히 연습했어요. 그래서 4강에 올랐습니다. 우승한 건 아니지만 저는 무척 뿌듯했어요. 코치님에게 다가가 '코치님, 저 잘했죠?'라고 흥분에 찬 목소리로 말했어요. 그랬더니 코치님은 달갑지 않은 표정으로 이렇게 말했습니다.

'네가 잘해서 이긴 게 아니라 상대가 못 해서 운 좋게 이긴 거야.'

그 말에 저는 너무 마음이 아팠습니다. 저는 의욕을 잃고 말았어요. 그 이후 더 이상 도복을 입지 않았거든요."

코치는 어떻게 말하는 게 좋았을까? 아마도 코치는 학생이 4강에 오른 것에 자만하지 않고, 나머지 경기를 치러주기를 바랐던 것 같다. 그렇더라도 학생의 기쁜 마음을 짓뭉개지 않으면서 자신의 의도를 전할 방법이 있었을 것이다. 그러려면 먼저 학생의 감정상태를 인정해주어야 한다. 이를테면 이렇게 말이다.

"그래, 잘했다. 그런데 상대가 좀 약해보이더라. 준결승 상대는 엄청 강하니까 자만하지 마라."

비판, 추궁보다는 제안을

한 대학생의 경험담이다.

"저는 피아노 전공으로 학교에서 교수님한테 레슨을 받고 있습니다. 이번 여름방학 때 열심히 해서 교수님께 성장한 모습을 보여드리고 싶어서 하루도 거르지 않고 많으면 7~8시간, 적으면 5시간씩 연습했어요. 개학을 하고 지난주 레슨을 받았는데 교수님께서는 '이렇게 쳐서 대학에 어떻게 들어왔냐?'라고 하시더군요. '내가 가르쳤던 제자들 중에 너 같은 애는 처음 본다'라고까지 하셨어요. 그 말이 제겐 큰 상처가 되었어요. 내가 열심히 한 걸 몰라주셔서 너무 속상했어요."

제자의 실수나 부족한 점을 비판하기보다 상담하고 도움을 주는 태도를 보여주었다면 어땠을까? "연습을 나름대로 하고 있겠지. 그래도 더 많이 노력해야겠구나. 그럼 너는 더 잘할 수 있을 거야!"라고 말했다면 제자는 자신감을 키우고 동기부여할 수 있었을 것이다.

말을 할 때 의미 전달만큼이나 중요한 것이 말투다. 같은 말이라도 목소리를 높이느냐 낮추느냐에 따라, 상대의 느낌과 반응이 달라진다. 목소리가 크고 공격적이면 아무리 교훈이 있는 말이라도 있는 그대로 받아들이기 어렵다. 사람을 가르칠 때는 당신이 가르치지 않는 것처럼 가르치고, 무언가를 제안할 때는 마치 그 사람이 잊고 있던 것을 생각난 듯이 제안하라는 얘기를 기억해야 한다.

회사원 P는 일 하나는 재빨리 잘 처리한다는 평가를 받는다. 그래서 늘 자신감이 넘친다. 문제는 다른 사람을 대하는 태도다.

"이런 간단한 일도 못 한다는 말이야?"

"나라면 그런 어이없는 실수는 안 하겠다."

P의 이런 말투 때문에 동료들은 그를 가까이 하지 않는다. 말로 상처를 받으면 부끄러움이라는 감정이 따라다니기 때문이다. 그렇다고 모든 말이 달콤해야 한다는 것은 아니다. 솔직하고 분명하게 표현할 줄 알아야 한다. 무엇보다 P에게 필요한 것은 공감 능력이다. P는 사람마다 갖고 있는 장점이 다르다는 것, 누구나 실수할 수 있다는 것을 인정할 필요가 있다. 상대방을 꾸짖거나 지적하는 데 그치지 않고 제안을 하는 방법도 있다. P가 이렇게 말했으면 어땠을까?

"아, 이걸 깜박하셨군요."

"누구나 실수는 하는 법이지요. 다음에는 이런 방법으로 해보시는 건 어때요?"

제대로 위로하고 격려하기

한 회사원의 경험담이다.

"동료와 친해진 느낌이 들어서 저는 5년 전에 이혼했다는 사실을 말했습니다. 담담하게 이야기했습니다. 그가 편견을 갖지는 않을까 염려하기도 했지만 그를 믿었습니다. 그런데 그는 정말 심한 말을 하더군요.

'너는 경험해서는 안 될 삶을 살았구나. 고생했겠구나.'

몹시 불쾌했습니다. 경험해서는 안 될 삶이라니요. 다른 사람이 내 삶을 함부로 판단하는 것이 그렇게 싫고 불편한 건지 새삼 느꼈어요."

이후 두 사람은 매우 서먹서먹한 사이가 되었다. 동료에게 자신의 내밀한 이야기를 꺼낸 것은 더욱 친밀해지고 싶은 마음에서였다. 그런데 동료는 공감의 말이 아니라 동정의 말을 했다. 그 말을 들으니 갑자기 마음에 브레이크가 걸렸다. 이렇게 말했다면 좋았을 것이다.

"힘든 시기를 잘 견뎌냈구나. 정말 힘들었을 텐데 잘 이겨내고 회사 생활도 잘하고 있으니 정말 대단하다. 나에게 그런 얘기를 해줘서 고마워."

실연의 상처에서 벗어나지 못하는 사람에게 위로를 한다고 이렇게 말하는 사람이 있다.

"솔직히 네가 아까웠어."

이런 표현은 위로의 말로 썩 적절하지 않다. 우선 "네가 사람을 잘못 본 거야"라는 뜻으로 들릴 수도 있기 때문이다. 또는 "나는 너보다는 사람 볼 줄 안다"라는 뜻으로 들릴 수도 있다. 두 가지 모두 위로가 되지 못한다. 이런 말보다는 상처를 딛고 일어날 때까지, 그냥 따뜻한 눈길로 아픔에 공감해주는 것이 더 좋은 위로가 될 수도 있다.

어느덧 엄마가 된 그는 사춘기 시절 겪었던 아픔을 아직도 생생히 기억하고 있다. 새 학년이 되어 반 배정을 하면서 친구들과 떨어지게 되고 새로운 반에 적응하느라 매우 예민해진 시기였다. 그때는 무엇보다 친구 관계가 세상의 전부였기 때문에 초조함까지 느끼던 시기였다. 새로 올라간 반 아이들과 갈등이 생겼고 결국 싸움을 하고 집에 돌아왔더니 기분이 우울해져 침대에 누운 채로 있었다.

"엄마는 '네가 이 모양이니까 친구들이 싫어하지'라고 말하셨어요. 저는 그때 엄마에게 고민상담을 자주 했는데 엄마가 제 고민을 가지고 또다시 상처를 줄 줄은 생각도 못했어요. 그래서 더욱 슬펐어요."

그는 남의 상처로 또다시 상처를 주는 말이 얼마나 안 좋은지 절실히 깨달았다고 했다. 때로 우리는 다른 사람이 어떤 일로 상처를 받았는지 모르거나, 그들이 민감하게 받아들이는 주제에 대해 잘 알지 못한다. 이럴 때 무심코 상대에게 상처를 주는 말이나 행동을 할 수 있기 때문에 평가하는 말은 곤란하다.

때론 침묵이 아름답다

우리는 다른 사람의 일에 잘 참견하는 것 같다. 길을 가다 만나면, 어디 가느냐고 묻는 게 다반사다. 바쁠 수도 있는데, 관심을 표현해야 예의로 여기는 경향이 있다.

다음 사례는 참견이 결례가 될 수도 있음을 보여준다.

"나는 몸이 약해서 약골이란 말을 종종 듣는다. '너 오늘 피곤해 보인다'는 말도 하도 자주 들어서 사람들을 만나는 걸 좋아하지 않는다. 피곤해 보인다는 말을 하루에 두세 명한테 듣다 보면 내 얼굴이 많이 상했나 싶어 서둘러 집으로 향한다.

그날도 그런 말을 들을까 봐 나름대로 생기 있게 보이려고 화장을 하고 나갔다. 그런데 어김없이 '너 어쩜 좋으니. 오늘도 피곤해 보이네. 병원 가봐야 하는 거 아니야?'라는 말을 들었다. 누가 내 기분을 알까? 우울해졌다.

나이가 들면서 큰 눈의 쌍꺼풀이 처지고 주름이 생기기 시작하니 피곤한 인상이 연출된다. 친구는 나를 걱정한 듯 말하지만 어떤 때는 나를 놀리는 것 같기도 하다. 이래서 사람들이 나이를 먹으면 성형외과를 찾는구나 싶기도 하다."

'잘 지내지? 아픈 데는 없지?'라고 진심으로 건강을 염려해주는 가벼운 말 한마디면 충분하지 않을까?

말의 요체는 진심의 전달이다. 그 진심이 아름다울 때, 말도 아름답다.

'나'를 주어로 하여 말하기

친정어머니의 말에 상처를 입은 한 직장 여성의 이야기다.

"나는 두 아이의 엄마이고 직업은 공무원이다. 친정어머니에게 아이들을 맡기곤 했다. 일이 늦어지면 나는 밤이 되어서야 아이들을 데리러 가곤 했다. 친정어머니는 내가 얼마나 힘든지 알지도 못하면서 이렇게 말하곤 했다.

'너는 엄마로서 미안하지도 않냐. 엄마 노릇도 좀 하고 살아라.'

그런 말을 들으면 내 마음이 칼에 베이는 듯했다. 나도 정말 아이들을 사랑한다. 결코 그렇게 늦게 데리러 가고 싶지 않았다. 가장 기대고 싶은 사람에게 위로는커녕 냉정한 말을 들으니 정말 마음이 아팠다."

딸은 친정어머니에게 이런 격려의 말을 기대했을 것이다.

"우리 딸, 고생이 많다. 직장에서 일하는 동안 힘들었지? 내가 아이들에게 엄마는 공무원이라 사람들을 위해 많은 일을 하기 때문에 이렇게 늦을 때도 있다고 말했단다."

자신의 불편한 마음을 드러낼 때는 '나'를 주어로 하여 말하는 것이 좋다. 나를 주어로, 내가 주체가 되어 말하면 상대에게 자신의 감정 상태를 솔직하게 표현할 수 있다. 그렇지 않고 '너' 또는 '제3자'를 주어로 하여 말하다 보면, 말투부터가 듣는 이의 귀에 거슬리기 쉽다. 심사가 꼬인 말이 나오기 때문이다. 이 사례에서 친정어머니도 '나'를 주어로 하여, 자신의 감정을 있는 그대로 말하는 편이 나았을 것이다. 그랬다면 차분하게 불만을 털어놓을 수 있었을 것이다.

"얘야, 너도 고생이 많구나. 그런데 나도 아이들을 보는 게 쉽지 않다. 많이 힘들어. 그래서 그만두고 싶지만 내 딸을 돕는다고 생각하면서 견디고 있단다."

한 엄마가 백화점의 어린이 놀이터에 아이를 남겨두고, 혼자 쇼핑을 했다. 쇼핑을 마치고 다시 가보니 아이가 보이지 않았다. 백화점 직원들의 도움을 얻어 한참 만에 다른 층 매장 한쪽에서 울고 있는 아이를 찾아냈다. 엄마는 아이의 두 손을 잡았다. 그러고는 짜증을 내는 듯한 말투로 이렇게 말했다.

"놀이터에 있으라고 했더니, 왜 혼자 나와서 돌아다녀?"

아이 엄마는 어떤 감정으로 이런 말을 했을까? 아이에게는 단지 "너 찾느라 고생했잖아"라는 의미로 들리겠지만 그게 진짜 엄마의 마음일까? 아닐 것이다. 이 엄마는 아이를 찾았다는 안도감을 느꼈을 테고, 동시에 아이를 제대로 돌보지 못한 자신을 책망했을 것이다. 그것이 아이를 향한 질책의 말이 되어 입 밖으로 나와버렸을 것이다. 그런 감정을 솔직하게 아이에게 전해주려면 이렇게 말해야 한다.

"엄마는 네가 안 보여서 많이 걱정했어. 다음부터는 엄마가 오지 않는다고 찾으러 나가면 안 돼. 엄마는 너 데리러 꼭 갈 거니까. 알았지?"

소아청소년정신과 김성찬 전문의는 『부모가 되는 시간』이라는 책에서, 마트에서 떼쓰는 아이를 비상구 옆 어두컴컴한 계단으로 데려가 '타임아웃(아이가 잘못된 행동을 했을 때 지루해할 장소로 데려가 몇 분간 격리하는 육아법)'을 했던 경험담을 들려준다. 그는 아이가 울음을 멈추지 않자 무심코 "계속 울면 여기 놔두고 갈 거야"라고 말해버렸다. 아이는 더 크게 울기 시작했다. 겨우 달래 손을 잡고 밖으로 나오자 아이는 울며 엄마에게 달려갔다. 다음 날부터 아이는 아빠를 슬슬 피하기 시작했다. 아이는 엄마에게 왜 엄마, 아빠는 자기를 버리지 않는지 물었다고 한다. 아이들은 부모가 자신을 훈육하기 위해 한 말이라는 것을 모른다. 그래서 그런 말을 자꾸 듣다 보면 정말 버릴지도 모른다고 걱정하는 것이다. 이런 경우 공감은 어른의 몫이지, 아이의 몫이 아니다.

　계속 울면 두고 가겠다는 말을 나도 어렸을 때 들은 적이 있다. 어른이 무심코 한 그 말 한마디는 아이에게 두려움을 느끼게 하고 큰 상처가 될 수 있다. 부모가 자신을 버릴지도 모른다는 두려움이 마음속에 오랫동안 자리하게 된다. 무언가를 얻기 위해 울음으로 표현한 아이의 마음을 알면서도, 부모는 아이의 울음을 그치게 하려는 생각만 하게 된다. 이럴 때도 아이에게 부모의 감정을 제대로 전하는 것이 좋다.

"네가 계속 네 이야기만 하기 때문에 아빠는 점점 힘들어져. 화가 나려고 해."

'나'를 주어로 해서 자신의 감정을 표현하는 방식을 쓰다 보면, 아이도 부모가 느끼는 감정에 대해 생각하게 된다. 무엇보다 말하는 사람이 감정에 휘둘리는 것을 억제할 수 있다.

꼭 필요한 말인가

"말을 시작하기 전에 생각할 틈을 가져라. 그리하여 네가 지금 하고자 하는 말이 말할 가치가 있는지, 무익한 얘기인지, 누군가를 해칠 염려가 없는지를 잘 생각해봐라."

톨스토이가 한 말이다. 그는 "남을 꾸중하지 말라. 남을 꾸중하는 일은 항상 바르지 않다. 왜냐하면 비난 받는 사람의 마음속에 일어난 일, 또는 일어나고 있는 일은 결코 아무도 모르기 때문이다"라고 강조했다.

실언을 피하기 위해서는 훈련이 필요하다. 가장 먼저 자신의 말 습관을 제3자의 관점에서 살펴봐야 한다. 이야기를 해야 할 때와 안 해야 할 때, 나서야 할 때와 나서지 않아야 할 때를 구분하지 못하는 것은 상대의 감정을 제대로 읽지 못하기 때문이다. 지나친 음주로 말실수를 해본 사람이라면, 과음하는 것을 피해야 한다. 말에 욕설을 많이 섞어 쓰는 사람, 과격한 말을 즐겨 쓰는 사람, 아슬아슬한 농담을 즐기는 사람은 자신을 더 경계해야 할 것이다. 남을 평가하고 지적하는 일이 많은 사람, 남의 뒷담화를 잘하는 사람은 그것이 실언으로 이어지기 쉽다는 것을 잘 알고 조심해야 한다.

췌장암으로 세상을 떠난 '마지막 강의'의 저자 랜디 포시(Randy Pausch) 미국 카네기 멜론대 교수는 "진실을 말하면 시간을 낭비하지 않는다"라고 했다. 그는 임종을 앞둔 순간까지도 "만약 조언을 하려는데 나에게 오직 세 단어만 허용된다면 단연 '진실만을 말하라(Tell the Truth)'를 택할 것이다. 그러고도 세 단어가 더 허용된다면 나는 거기에 '언제나(All the Time)'를 더하겠다."라고 했다.

데이 C 세퍼트는 '세 가지 황금문'에서 말을 하기 전에 체크해야 할 3가지를 이렇게 들었다.

첫째, 그것은 참말인가?

둘째, 그것은 필요한 말인가?

셋째, 그것은 친절한 말인가?

진실을 확인하지 않고 급하게 말한다면 타인을 곤경에 빠뜨릴 수 있다. 거짓이나 오해를 불러올 수 있는 정보는 전달하지 않아야 한다. 그것이 아무리 사실이더라도 꼭 필요한 말이 아니면 하지 말고, 함부로 말해서는 안 된다는 의미다. 말하는 내용이 상대에게 도움이 되거나 긍정적인 영향을 줄 수 있는지 생각해봐야 한다. 가깝다는 이유로 거칠고 무례한 말을 하기보다는 솔직하게 표현하면서도 상대를 존중하는 방식으로 말하는 것이 바로 친절이다. 이 세 가지만 잘 지켜도 대부분의 실수와 잘못은 막을 수 있지 않을까.

7장

누구나 실수는 한다,
누구나 사과하지는 않는다

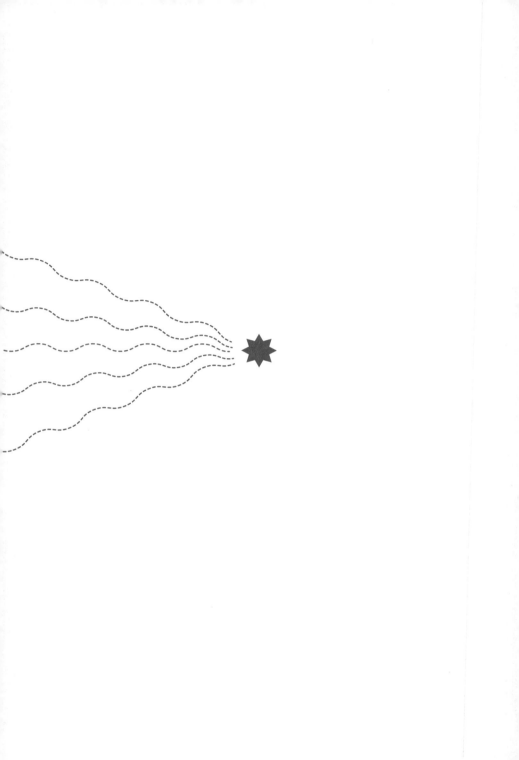

실언은 오바마도 한다

버락 오바마 미국 대통령은 정치인 중에서도 아주 말을 잘 하는 사람으로 손꼽혔다. 멋진 연설을 많이 남겼고, 기자 회견에서는 유머를 섞은 재치 있는 대답을 많이 남겼다.

커뮤니케이션 전문가 리자 로가크(Risa Rogak)는 오바마 대통령의 연설을 '라포르 토크(Rapport talk)'라고 풀이했다. 라포르란 두 사람 이상의 관계에서 발생하는 조화로운 일체감을 뜻하는 용어로, 사람 사이에 마음이 통하고 감정 교류가 잘되는 것을 뜻한다. 로가크는 오바마 대통령처럼 커뮤니케이션하고자 한다면 다섯 가지를 실천해야 한다고 했다.

첫째, 말하고 싶은 것을 생각하기 전에 상대가 듣고 싶어 하는 것이 무엇인지를 먼저 생각한다.

둘째, 자신의 주장을 강력하게 펼치기만 하는 것보다는 "나도 당신과 생각이 같다"라는 확신을 주는 것에서부터 시작하라.

셋째, 상대의 특성을 제대로 이해하고 그 사람의 감성에 호소하라.

넷째, 장황하고 지루하게 설명하는 것보다 간결하게 주장하고, 그 주장을 뒷받침할 수 있는 적절한 근거를 대는 것이 효과적이다.

다섯째, 부정적 메시지도 긍정적으로 표현하고, 절망 앞에서도 희망을 이야기할 수 있는 기술을 연마하라.

오바마 대통령의 화법은 실언을 원천적으로 피하고 상대를 설득할 수 있는 조건을 아주 잘 갖추고 있다. 오바마 대통령은 『버락 오바마, 담대한 희망』에 이렇게 썼다.

"지금도 나는 어머니가 강조한 간단한 원칙, 즉 '네게 그렇게 하면 기분이 어떨 것 같니?'라고 스스로에게 묻는 걸 정치 활동의 길잡이 중 하나로 삼고 있다. 나는 스스로에게 이런 질문을 던지는 건 아무리 자주 해도 지나치지 않다고 생각한다. 국가 전체를 놓고 볼 때, 우리는 상대편의 처지에서 생각해보는 마음이 부족한 것 같다.”

하지만 그런 오바마 대통령도 실언을 완전히 피하지는 못했다. 2009년 3월 19일 밤, 그는 미국 전역에 방송되는 「NBC」의 인기 프로그램 ‘투나이트 쇼’에 출연했다. 어김없이 백악관에서의 사생활이 화두로 떠올랐다. 여러 에피소드 중 한 가지가 오바마 대통령의 볼링 실력에 대한 것이었다. 그는 백악관 안에 있는 볼링장에서 게임을 한 경험담을 꺼내며 자신의 점수가 낮았다는 것을 털어놓았다. 그런데 그는 자신의 볼링 실력이 스페셜 올림픽 같았다고 비유했다. 그것이 문제였다. 스페셜 올림픽은 지적 발달 장애인의 운동 능력과 사회 적응력을 높이려는 목적으로 4년마다 열리는 행사다. 오바마 대통령은 하필 자신의 볼링 실력을 ‘지적 발달 장애인’ 수준에 비유함으로써, 그들을 폄하한 꼴이 되었다. 오바마 대통령은 프로그램을 마치고 스페셜 올림픽 대회 책임자에게 곧바로 전화해 사과했다고 한다.

지체 없이 사과하라

한번 내뱉은 말은 주워 담을 수가 없다. 실언을 화살에 비유하는 것도 이런 이유에서다.

"내 가슴에 못이 박히면 내가 깨닫고 뉘우치면 되는데, 남의 가슴에 못을 박는 말을 하면 내가 참회하고 뉘우친다고 소멸되지 않습니다."

법륜 스님이 『법륜 스님의 행복』에 쓴 구절이다. 그런데 실언을 이미 해버렸다면 어떻게 해야 할까? 진심으로 사과하는 것이 최선이다. 어떻게 사과하느냐에 따라 결과는 달라진다. 대부분의 사람은 사과 자체를 하지 않으려는 경향이 있다. 말실수를 하고 사과하는 것은 자신의 실수를 인정하는 것이다. 그러면 자존심이 손상될 수 있다. 실수한 사람도 불안해지고 두려운 감정이 들기 때문에, 상대에게 약해진 모습을 보여주는 것을 꺼려할 수도 있다. 그래서 '잘못했다', '미안하다'라는 말이 입 밖으로 잘 나오지 않는다. 그런 마음 상태에서 어설프게 사과하려다 보면, 오히려 상대방에게 더 큰 상처를 입힐 수도 있다. 진심 어린 사과를 하지 못한 경우다. 상대방은 "그런 말 한마디로 끝날 일이 아니다"라며 외면해버릴 수도 있다.

버락 오바마 대통령의 또 다른 실언 사례다. 오바마 대통령은 2013년 4월 4일 캘리포니아 주 샌프란시스코에서 열린 한 모금 행사에서, 카말라 해리스(Kamala Harris) 캘리포니아 검찰 총장이 지지 연설을 한 것에 감사를 표하는 과정에서 실언을 했다. 그는 "해리스 총장은 똑똑하고 헌신적이며 터프하다"라고 찬사를 보내고는 "더욱이 그녀는 역사를 통틀어 미국에서 가장 예쁜 검찰 총장이다. 정말이다. 안 그런가?"라고 말했다. 좌중에서는 환호가 터졌다. 그러나 오바마의 이 발언이 소셜 미디어를 통해 확산되면서 비판을 받기 시작했다. 대통령이 외모 지상주의적인 발언을 했다는 것이었다. 가뜩이나 오바마 행정부는 집권 1기부터 여성을 주요 의사 결정에서 소외시키고 남성 중심으로 백악관을 꾸렸다는 비판을 받아 왔기 때문이다. '여성을 외모로만 평가한다'라는 논란이 커지자 제이 카니(Jay Carney) 백악관 대변인은 "오바마 대통령이 해리스 총장에게 전화로 사과했다"라고 해명했다. 또 "오바마 대통령은 해리스 총장의 직무 능력과 업적을 깎아내릴 의도는 전혀 없었다"라고 덧붙였다.

모든 사과가 그렇지만, 실언에 따른 사과도 자신의 잘못을 인식했다면 지체 없이 해야 한다. 곧바로 사과하지 않고 미루면 사과를 하기가 점점 어려워진다. 게다가 사과의 효과도 약해진다. 뒤늦게 사과하면 상처를 받은 사람은 "괜찮아, 신경 안 쓰고 있었어"라고 대답할지도 모른다. 그러나 입으로는 그렇게 말해도 속으로는 '이제야 사과해서 뭐 하나'라는 생각을 할지도 모른다. 너무 늦은 사과는 사과로 받아들이지 않는다. 그것은 뒤늦게 자신의 처지를 개선하고자 하는 사람의 변명으로 들리게 된다.

오바마 대통령의 두 실언 사례에서 그가 취한 행동에는 공통점이 있다. '지체 없이', '당사자에게 직접' 사과했다는 점이다. 그 결과 실언의 파장은 무난히 수습되었다. 해리스 검찰 총장의 대변인은 오바마 대통령이 사과한 뒤, "수년 동안 오바마 대통령과 해리스 총장은 친구 사이였다. 해리스 총장은 그를 열렬히 지지한다"라고 밝혔다.

시기를 놓친 사과는 사과 그 자체가 또 다른 문제를 만들 수 있다. 신뢰를 잃었기 때문이다. 그렇다고 때를 놓쳤으니 사과를 하지 말아야 할 것인가? 물론 그렇지는 않다. 늦게라도 하는 것이 사과하지 않는 것보다는 낫다.

깨끗하게 사과하라

"제 말이 기분을 상하게 했다면 사과드립니다."

사과하는 사람들의 말에서 자주 들을 수 있는 표현이다. 'OO했다면 사과한다'라는 것이다. 이렇게 조건을 붙이는 사과는 잘못된 사과법이다. 상대의 기분을 상하게 한 것이 명백하니까 사과를 하는 것이다. 'OO했다면'을 붙이는 것은 사과하고 싶지 않은 마음을 드러내는 것에 불과하다.

"제 말이 오해를 일으키게 했다면 사과드립니다."

이 표현도 적절하지 않다. 내 말의 진의는 다르다는 변명의 성격이 짙은 사과다. 자칫 내 말을 오해한 상대에게도 잘못이 있다는 말로 들릴 수도 있는 표현이다. "제 말이 적절하지 않았습니다. 사과드립니다"라고 하는 게 낫다. 사과는 깨끗하게 해야 한다. 이런저런 조건을 붙이지 않아야 한다. 그렇지 않으면 사과가 아니라 변명으로 변질될 수 있다. 사과의 표현이 모호해지는 것은 자신의 체면에 연연하기 때문이다. 또 자신의 잘못을 감추고 싶다는 마음이 작용하기 때문이다. 그런 모호한 사과는 변명에 더 가깝다. 사과에는 잘못에 대해서 뉘우친다는 진심이 있지만 그것이 없는 게 변명이다.

사과를 하는 듯하면서 변명만 늘어놓다가 점점 더 궁지에 몰린 사람도 있다. 2011년 술을 마시고 '반유대주의' 발언을 해, 결국 「크리스천 디올」의 수석 디자이너직에서 해고된 존 갈리아노(John Galliano)의 사례가 바로 그렇다. 그해 2월 말, 존 갈리아노는 「크리스천 디올」의 파리 패션 위크를 준비하다가, 잠시 쉬기 위해 파리 마레 지구의 술집에 들러 술을 마셨고 취해버렸다. 그는 옆 테이블의 커플과 다투던 중 "더럽다. 너 같은 사람들과 네 조상들은 가스실에서 다 죽었어야 한다. 나는 히틀러를 사랑한다"라고 유대인을 향해 폭언을 퍼부었다. 옆자리에 있던 이들은 이 장면을 휴대폰으로 촬영했다. 존 갈리아노는 이렇게 변명했다.

"그건 악의를 가지고 의도적으로 한 말이 아니었다."

비판이 더 커졌다. 「크리스천 디올」의 향수 모델로 발탁된 나탈리 포트만(Natalie Portman)은 "유대인의 긍지를 갖고 있는 한 개인으로서 갈리아노와 관련된 어떤 작업도 하지 않을 것이다"라고 말했다. 갈리아노는 어설픈 사과를 이어갔다.

"나의 행동으로 인해 불쾌감을 느꼈다면 이유를 막론하고 사과한다."

「크리스천 디올」은 15년간 함께 일한 그를 전격 해고했다.

존 갈리아노는 "술에 취해 헛소리를 했다. 진심으로 사과한다" 라고 한 뒤 자숙하는 시간을 보냈어야 마땅했다.

변명하지 말고, 설명하라

변명은 자신을 지키기 위해 책임을 전가하거나, 이것저것 구실을 붙이는 것이다. 사람은 자신이 한 말이 실언이라는 비난을 들으면 어떻게든 자신을 지키고 싶어 한다. 상대가 하는 말 중에 '하지만'이라고 시작하는 말이 변명이다.

"미안해. 하지만 네가 오해하게 만들었잖아."

이런 사과는 사과라고 할 수 없다. 변명이고, 도리어 상대를 비난하는 것이다. 변명은 자신을 지키는 행동 같지만, 실은 자신의 약점을 드러내는 행동이다.

설명은 변명과는 다른 것이다. 실언을 하게 된 이유, 사정을 이해받고자 하는 커뮤니케이션이다. 실언에 대해 사과만 하고, 아무런 설명도 하지 않는다면 오히려 제대로 사과하지 못한 것이 될 수도 있다. 왜냐하면 자신의 잘못에 대한 명확한 인식을 보여줄 때 상대방은 사과를 더 잘 납득하기 때문이다.

2018년 8월 어느 필라테스 원장이 실수로 회원에게 '뚱땡이'라고 카카오톡 메시지를 보내 폐업까지 하게 된 사연이 떠들썩했다. 고등학생인 A 회원은 원장에게 운동시간을 변경해달라고 요청했고, 원장은 다른 강사에게 문의하라며 연락처를 전달했다.

그런데 원장이 다른 강사에게 보낼 메시지를 A 회원에게 보낸 것이다. 메시지에는 "뚱땡이가 아침부터 수업을 앞당길 수 있느냐고 해서 안 된다고 했어요"라고 적혀 있었다.

당황한 원장은 "회원님 쏘리쏘리. 톡 잘못 보냈요"라고 급히 사과했다. 몇 분 후 "기분 많이 나쁘시죠. 회원님이 예전에 통통했을 때부터 운동하러 다니셔서 귀엽기도 하고 그래서 제 딴에는 별명반 애칭반 그렇게 말했던 건데 제가 경솔했던 것 같아요. 지금은 진심 너무나 날씬하고 예쁘세요. 이건 정말 팩트!"라는 사과문자를 보냈다.

한 시간이 흐른 뒤 원장은 A 회원에게서 이런 답을 받았다.

"긴말 안 하겠습니다. 앞으로 다른 회원들에게는 조심스럽게 행동하시길 바랍니다. 고작 한마디 실수가 저리 긴 글로도 수습이 안 되니까, 남은 회원권 잔액 환불 바랍니다."

A 회원은 비만일 때 시작해서 최근 정상체중이 되기까지

30kg 정도를 감량했다. 그런데 앞에서는 소중한 고객을 대하듯 친절하고 깍듯했는데, 지금까지 속으로는 이런 마음으로 수업을 했다고 생각하니 뒤통수가 많이 아팠다고 한다.

결국 해당 필라테스 업체는 문을 닫았다. 이에 A 회원은 "횡설수설하는 핑계 말고 빠르게 인정하고 진실한 사과가 있었다면 제가 완전히 등지지는 않았을 거예요. 사실 상처보다는 실망이 컸죠. 고등학생이라고 저를 쉽게 보셨는지 모르겠지만 앞으로는 상대가 누구든 잘못했을 때 변명하지 말고 정석대로 사과하셨으면 좋겠어요"라고 했다.

최고의 사과 기술은 진정성

2016년 4월 미국 리더십 관련 교육업체인 「바이탈스마츠(VitalSmarts)」가 직장인 775명을 대상으로 직장 내 말실수에 대한 설문조사를 했다. 응답자의 83%가 동료가 스스로의 경력, 평판, 업무에 파멸적인 결과를 가져올 말을 하는 것을 본 적이 있다고 대답했다. 또 69%는 이런 실수를 한 적이 있다고 인정했다. 말실수와 순간적인 판단 오류가 낳은 결과는 참혹했다.

31%는 승진과 임금 인상, 일자리를 놓쳤다고 대답했다. 27% 는 업무 관계가 악화하거나 더는 업무를 진행할 수 없게 되었 다고 대답했다. 11%는 자신에 대한 직장 내 평판이 나빠졌다 고 대답했다.

회복할 길은 없을까? 바이탈스마츠의 연구 부사장 데이비드 맥스필드(David Maxfield)는 "반창고 크기가 상처보다 커야 하 는 것처럼 단순한 사과 이상이 필요하다. 가장 설득력 있는 방 법은 자신의 시간과 자아, 돈 등 개인적인 것을 희생하는 것"이 라며, 조사 과정에서 들은 한 사례를 소개했다. 이 응답자는 이 사회 임원, 관리자 등과 회의 관련 통화를 하고 있었다. 얼마 후 그는 자신이 전화를 끊었다고 착각했다. 그러고는 이런 말을 해버렸다.

"이런 멍청이들이 이사와 관리자라는 작자들이야?"

엄청난 실언을 한 당사자는 사태를 수습하기 위해 그 이야기 를 들은 사람들을 일일이 찾아가 사과했다. '상대가 받아들이기 전까지는 제대로 사과한 게 아니다'라는 말이 있다. 타인의 말 로 상처를 입은 사람은 상대가 미안하다고 말해주는 것만을 바 라는 것이 아니라, 진정으로 미안한 마음을 갖기를 바란다. 그 러므로 그 마음이 상대에게 확실히 전달되게 사과를 해야 한다.

사과에 대한 진정성은 주관적인 판단이다. 다른 사람들이 완전하게 확인하기 어려운 부분이다. 다만 사과의 진정성은 그의 행동과 그 이후의 조치에 따라 판단할 수 있다.

　사과란 잘못했다는 반성이고, 내가 나빴다는 책임을 인정하는 것, 다시는 그렇게 하지 않겠다는 약속을 뜻한다. 사과를 하려면 인정, 책임, 보상이라는 3단계를 기억해야 한다. 1단계는 '미안하다'라고 말한다. 반성과 후회하고 있음을 표현하는 것이다. 구체적으로 어떤 행동이나 발언이 잘못되었는지, 그로 인해 상대방이 어떤 어려움을 겪었는지를 설명해야 한다. 2단계는 책임을 인정하고 재발 방지를 약속한다. 반복적으로 같은 실수를 저지르지 않도록 노력하겠다는 다짐이 필요하다. 이때 변명이나 해명을 하는 것이 아니라 상대방의 감정을 존중하며 사과하는 것이 중요하다. 3단계는 상대가 겪은 아픔에 대해 실질적으로 보상해야 한다.

　마지막으로 할 일은 용서를 구하는 것이다. 사과를 하지도 않고 "용서해주세요"로 시작한 것은 맞지 않다. 상대방의 감정을 경청하고 존중해야 신뢰를 회복할 수 있다.

진정성은 태도에도 묻어난다

2012년 「KBS2」 개그콘서트의 코너 중에 '거지의 품격'이라는 인기 코너가 있었다. 구걸하지 않고 당당히 돈을 요구하는 거지의 일상을 소재로 한 코너였다. 그중 한 꼭지에 이런 내용이 있었다.

행인이 등장하면서 거지의 가방을 무심코 친다. 거지는 크게 소리를 지르며 고통을 호소한다. 돈 몇 푼으로 대신하려는 행인에게 "돈은 됐고 사과하세요"라고 요구한다. 행인은 대충 "미안합니다. 됐죠?"라고 한다. 그러자 거지는 "됐죠가 뭐지? 여기서 됐죠란, 나는 미안하지 않은데 네가 너무 시끄러워가지고 그냥 입만 붕어처럼 미안하다고 말한 거지. 됐죠 빼고 다시"라고 요구한다. 행인은 마지못해 "미안합니다"라고 한 뒤 어이없다는 듯, "하, 참!" 하고 소리를 낸다. 거지는 계속해서 딴죽을 건다.

"뒤에 하가 뭐지? 하 빼고 다시."

행인은 귀찮다는 듯 "아, 미안합니다"라고 했다. 거지는 "앞에 아가 뭐지? 아 빼고 다시"라고 또 요구한다. 이번에는 행인이 작심한 듯 그저 "미안합니다"라고 말한다. 그런데 그것으로도 끝나지 않았다. 거지는 "머리를 흔들지 말고 사과하세요"라고 하더니 "눈 똑바로 다시, 진심을 담아 다시 사과하세요"라고 요구한다.

진정성을 확인하는 데 '태도'를 결코 빼놓을 수 없다는 것. 말이 다가 아니라는 것을 거지의 요구를 통해 확인할 수 있다. 진정성이 있는지 없는지, 태도는 이를 잘 드러낸다. 눈빛과 얼굴 표정, 그리고 몸짓과 손짓 등 비언어적 메시지는 무의식적으로 드러나는 것이어서 감추기 어렵다. 특히 눈빛을 통해, 말하는 사람의 감정을 가장 빠르게 알 수 있다. 사람의 얼굴 표정은 미안함이나 수치심, 두려움과 같은 감정 상태를 그대로 반영한다. 입으로는 미안하다고 말을 하지만 빈정거리는 말투와 억지스러운 태도가 느껴질 때, 상대방은 진정한 사과로 느끼지 않는다. 때로 몸은 입보다 훨씬 많은 말을 한다.

진심이 담긴 말의 힘은 강하다

공자는 번드르르한 말을 하고 얼굴빛을 꾸민 사람에게는 어짊이 드물다고 했다. 말에 진실함을 담아야 한다는 가르침이었다. 실제로 성공한 정치 지도자나 종교 지도자는 많은 말을 하지 않더라도 믿음을 준다는 공통점을 갖고 있다. 진심이 담긴 말의 힘은 정말 강하다.

『삼국지』의 주인공 촉나라왕 유비는 죽음을 맞기 직전, 열일곱 살의 아들 유선을 제갈량에게 부탁하면서 이렇게 말했다.

"그대의 재주는 조비(조조의 아들)의 열 배가 되니 틀림없이 나라를 안정시키고 천하 대사를 이룰 수 있을 것이요. 내 아들이 많이 부족한데 보좌할 만하면 보좌하되, 만약 불가하다고 생각되면 아들을 폐하고 그대가 대권을 가져도 좋소."

『십팔사략』에 나오는 이야기다. 유비는 아들을 잘 돌봐달라고 진심으로 제갈량에게 부탁했고, 약속을 받고 싶었을 것이다. 그래서 진심을 그대로 드러냈다. 제갈량은 약속했다.

"신이 어찌 감히 온 힘을 다해 충성하지 않겠습니까? 목숨을 바쳐 황자가 보위를 잇도록 하겠습니다."

상대를 진실로 대하는 것이 아름답게 말하기의 요체다. 그러나 완벽한 인간은 없다. 그래서 누구나 실언을 할 수 있다. 사람과 사람 사이에 마음이 매끄럽게 넘나드는 대화를 하기 위해서는 다음과 같은 쉼 없는 노력이 필요하다.

첫째, 자신이 한 실언을 냉정하게 되돌아봐야 한다.

둘째, 어떻게 했어야 실언을 피할 수 있었을까 검토해본다.

셋째, 실언한 뒤에 어떻게 대처해야 하는지를 생각한다.

이 세 가지를 계속 실천한다면 실언이 오히려 학습의 기회가 된다. 실언을 피하여 말할 줄 아는 사람은 참으로 매력 있는 사람이다.

공감대화법은 상대방의 감정과 경험을 이해하고 공감하는 데에 초점을 둔 대화 기술이다. 상대방의 말을 듣고 이해하는 것에서 멈추는 것이 아니라, 그들의 감정을 공유하고 이해한다는 메시지를 전달하면서 신뢰관계를 형성한다. 공감대화법의 요체는 세 가지로 요약할 수 있다.

첫째, 공감하려면 타인의 상황에 대한 이해가 필요하다. 남의 처지를 더 잘 이해할수록 공감에 이르기 쉽다. 그러려면 상대방의 이야기에 집중하여 적극적으로 경청해야 한다. 그런 과정을 거쳐 상대방의 감정이나 의도를 이해할 수 있다.

둘째, 공감을 표현한다. 상대방의 감정을 이해했음을 전달할 방법은 많다. "말씀해주셔서 고마워요" "정말 안타깝네요. 저도 그게 어떤 느낌인지 알아요" "얼마나 속상하셨어요"와 같이 공감을 표현하면 상대는 자신이 이해와 지지를 받는다고 느끼며 심리적 안정을 얻는다.

셋째, 비판이나 평가, 충고를 삼간다. 함부로 조언하지 않는다. 상대가 물어보기 전까지는 간섭하지 않고 상대방의 감정을 존중하고 받아들이는 태도를 유지하면서, 상대방이 스스로 해결책을 찾을 수 있도록 도움을 준다.

다 아는 얘기고 당연하게 들리는 말들인데도 바로 실천하기란 쉽지 않다. 습관이 우리의 행동을 지배하고 있기 때문에 어렵다. 반복하면서 습관으로 만들자.

공감능력은 타고난 것이 아니라 상대를 이해하려는 노력의 결과이다. 그래서 공감은 상처받은 사람이 그 상처를 이해하고 치유하는 데 도움이 된다. 왜냐하면 한 사람이 다른 사람의 감정을 이해하려는 노력은 그 사람의 행동과 태도에 영향을 주기 때문이다. 이는 다시 주변 사람들에게 긍정적인 영향을 미치면서 공감의 힘은 확산된다.